不会失败的育儿小妙招 1

轻松养育0~6岁的孩子

[日] 祖川泰治 著　董　然 译

中国妇女出版社

图书在版编目（CIP）数据

不会失败的育儿小妙招. 1，轻松养育0～6岁的孩子 /（日）祖川泰治著；董然译. --北京：中国妇女出版社，2016.1

ISBN 978-7-5127-1202-7

Ⅰ. ①不… Ⅱ. ①祖… ②董… Ⅲ. ①婴幼儿—早期教育 Ⅳ. ①G61

中国版本图书馆CIP数据核字（2015）第263905号

不会失败的育儿小妙招1——轻松养育0～6岁的孩子

作　　者：〔日〕祖川泰治　著
译　　者：董　然
责任编辑：王　琳
插图作者：佐藤明日香
封面设计：周周设计局
责任印制：王卫东
出版发行：中国妇女出版社
地　　址：北京东城区史家胡同甲24号　　邮政编码：100010
电　　话：（010）65133160（发行部）　　65133161（邮购）
网　　址：www.womenbooks.com.cn
经　　销：各地新华书店
印　　刷：北京欣睿虹彩印刷有限公司
开　　本：150×215　1/16
印　　张：13.25
字　　数：160千字
版　　次：2016年1月第1版
印　　次：2016年1月第1次
书　　号：ISBN 978-7-5127-1202-7
定　　价：29.80元

译者序

孩子的降生对于新手父母来说，既是一件特别高兴的事情，也是另一种生活的开始。从无到有，从怀孕到生产，一对男女的角色从此转变，成为父母。这段新的旅途难免会出现一些令父母手足无措的事情。这些事说大不大，说小不小，因为它们表面看上去只是有关孩子吃、喝、拉、撒、睡的问题，但它们却影响着孩子的好习惯、好性格的形成。

虽然养孩子没有一定之规，孩子之间的情况也千差万别，但是只要掌握养育的关键点，学会一些小妙招，那么看似没有规律可循的育儿也会一下子变得简单起来。

祖川泰治老师根据自己从教30多年的经验，针对新手父母最常遇见的问题，特意总结出50个简单有效的小妙招，帮助爸爸妈妈们渡过难关。这些小妙招不是利用身边的小物，就是利用人类自身丰富的肢体语言和表情。虽然没有精巧的道具和华丽的辞藻，但是只有简单易懂的言语和夸张好笑的动作，才能真正引起孩子的关注，使他们从中感悟生命的价值，学会生活的技巧，形成良好的习惯。

除此之外，这50个小妙招还渗透出祖川老师浓浓的爱。新手妈妈在育儿上难免手忙脚乱，但是育儿本身应该是一件令人高兴的事。祖川老师认为，妈妈的陪伴对于孩子来说是最重要的。因此，新手妈妈完全没有必要因为育儿而感到紧张和疲累，只要保持笑容，全心全意地照顾孩子，陪在他的身边，与他度过成人前的十几年，那么你就是一个合格的母亲，长大后的孩子就会对你表示感谢。

最后，我还要感谢在翻译这本书的过程中帮助过我的人：樊木端、刘悦英、袁佳、李维科和王京京。因为有你们的帮助，我才能顺利地完成本书的翻译工作。

译者

2015年4月

序

动物的母亲十分善于“育儿”

从电视纪录片中可以看到，动物的母亲会给幼崽喂奶，为了杀菌会给幼崽舔身体，一切都进行得井然有序并且倾注了满满的爱。孩子们长大后，母亲会亲自示范教给它们打猎的方法；当子女能够独立的那一天到来时，她会突然离开以促使孩子们独立。动物的母亲看起来没有任何犹豫地实践着它们对子女的抚育。

与动物相比，我们人类的“育儿”是什么样的呢

人类从很久很久以前就已经开始了对孩子的养育，但我的周围还是有许多母亲对育儿有着很多疑问和烦恼。当然，母亲们都在很努力地抚育着自己的孩子，但是她们并不知道在这个没有标准答案的育儿过程中究竟要如何才好，加之来自周围与社会的压力，母亲们的烦恼与不安也并非是空穴来风的。在这样的环境中，即便是想“享受育儿的乐趣”，实际要做到恐怕也是很难的。

能使育儿过程变得更加快乐的小妙招

母亲的每一天都会遇到一些麻烦事，发生一些无法预测的事情。如果被这些麻烦事打败，那本该快乐的育儿过程便会成为极大的痛苦。但是，只要了解了应对这些麻烦事的方法，并很好地做出处理，那么所有的麻烦都会变成与孩子进行愉快互动的美好时光。本书汇集了我从30年的幼儿教育工作经验中总结出来的一些“小妙招”，并为了能在家庭中也可以简单实现而对它们做出了一些调整。请抱着试一试的态度，从今天开始将这些小妙招运用到你的育儿中去吧！相信令人头疼的育儿过程一定会变得愉快起来！

现在，让我们运用这些“小妙招”，开启没有迷惑、没有烦恼的育儿之旅吧！

祖川泰治

目录

第1章 育儿竟然变得如此简单
——日常生活中的小妙招

01. 让孩子吃得又快又多的小妙招 / 002

02. 让孩子马上进入梦乡的小妙招 / 006

03. 让孩子安安静静换尿布的小妙招 / 010

04. 让孩子爱上洗手的小妙招 / 014

05. 让孩子爱上画画的小妙招 / 018

06. 让孩子立即行动的小妙招 / 022

07. 终极小妙招，熟练掌握称赞的语言 / 026

08. 让孩子在十字路口不会乱跑的小妙招 / 030

09. 必读！让孩子学会穿鞋的小妙招 / 034

10. 加强孩子上厕所意识的小妙招 / 038

11. 让孩子不挑食的小妙招 / 042

12. 与孩子的沟通变得顺畅的小妙招 / 046

13. 让孩子把脱下的鞋摆放整齐的小妙招 / 050

14. 让孩子不再尿床、尿裤子的小妙招 / 054

15. 让孩子即便摔倒也不会碰到头的小妙招 / 058

16. 让孩子停止打嗝的小妙招 / 062

第2章 幼儿园、小学入学考试也会用到——简单提升孩子能力的小妙招

17. 让孩子爱上学习的小妙招 / 066

18. 将日常生活和智育联系起来的小妙招 / 070

19. 让孩子学会说“谢谢”的小妙招 / 074

20. 让孩子在想“尿尿”之前能提示家长的小妙招 / 078

21. 让孩子学会排队的小妙招 / 082

22. 提高孩子方向感的小妙招 / 086

23. 让孩子出门自己背包的小妙招 / 089

24. 用孩子的画来装饰家 / 093

25. 让孩子学会单脚站立和跳跃的小妙招 / 097

26. 让孩子能够清楚发音的小妙招 / 101

27. 教孩子学会用筷子的小妙招 / 104

28. 教孩子学会“拧开”的小妙招 / 108

29. 简简单单就能教会孩子“打结”的小妙招 / 112

30. 看着孩子的眼睛同他说话，这就是小妙招 / 116

31. 让孩子尽早学会穿裤子的小妙招 / 120

32. 通过手的运动开发孩子智力的小妙招 / 124

33. 让孩子提高跑步速度的小妙招 / 127

第3章 育儿最重要的是开心 ——让宝宝更喜欢妈妈的小妙招

34. 让孩子有“干劲”的小妙招 / 132

35. 通过对着镜子亲吻孩子，让他感受爱的小妙招 / 136

36. 活用英语使孩子更听话的小妙招 / 140

37. 必能逗笑孩子的小妙招 / 144

38. 批评孩子时要让他正坐 / 147

39. 如何说，孩子才能听话的小妙招 / 151

40. 应对孩子闹着“买这个，买这个”的小妙招 / 155

41. 应对孩子大叫“不要不要”的小妙招 / 159

42. 妈妈要“打”孩子时一定会用到的小妙招 / 163

43. 让婴儿停止哭泣的小妙招 / 167

44. 活用“第一”使孩子充满干劲 / 171

45. 活用孩子最喜欢的娃娃和布玩偶 / 175

46. 利用动漫人物让孩子克服不擅长的事物 / 179

47. 让孩子停下却被无视时会用到的小妙招 / 183

48. 让孩子看镜头的小妙招 / 187

49. 让孩子远离家庭中的危险的小妙招 / 191

50. 阻止手足吵架的小妙招 / 195

结语 / 199

第1章

育儿竟然变得如此简单
——日常生活中的小妙招

3岁以上适用

01 让孩子吃得又快又多的小妙招

想要吃饭的时间能愉快地度过，推荐你用这个小妙招哦！

你是否有过因为孩子吃得太慢、太少而急躁的时候呢?

“磨磨蹭蹭不怎么吃东西”“一边玩一边吃”“吃得太少了”“吃得太慢了”……对母亲来说，在孩子的吃饭问题上有数不清的烦恼。最近，在小学生中不能把学校提供的伙食吃完的孩子越来越多。**一个人的进餐习惯基本上是在幼儿时期形成的**，因此为了孩子能够养成良好的习惯，请一定将这条小妙招作为参考。

在进入正题之前请先回答下面的3个问题：

①饭前一小时以内孩子是否吃过零食?

②吃饭时是否允许孩子看电视?

③孩子排便是否不正常（身体是否健康）?

以上3个问题中只要有一条答案是肯定的，那孩子必然不会好好吃饭，因此首先请给孩子创造一个良好的环境。

接下来，给大家介绍一个让孩子吃得又快又多的小妙招。**餐桌礼仪是很重要，但过分强调会让进餐成为履行义务。**想让孩子多吃一点儿的时候，可以试试放下礼仪，改让孩子用手拿着吃。做饭过程中，让孩子帮忙也可以提高他对吃的兴趣。另外，可以把孩子的食物单独装盘，量不要多并且尽量让食物色彩丰富一些。颜色可以增加孩子对食物的兴趣，同时把自己面前的食物吃完还能增加孩子的自信心。

当然，**让吃饭的时间变得有趣也是很重要的**。吃饭过程中讲一些与食物有关的话题，或者比赛谁吃得快（偶尔输给孩子是比赛的要点），又或者在日历上标记孩子把饭全部吃光的日子，这样做会让孩子很享受吃饭的过程。另外，

环境的变化也可以增加食欲

偶尔试试去公园或在阳台上吃饭，因为**环境的变化也会促进食欲**。

最后，当“不管做什么孩子都不吃……”的时候，告诉孩子“不吃就算了”，然后收拾桌子饿他一顿。对孩子来说，一顿饭不吃是不会有任何问题的，而且下一顿孩子会连这顿的一起吃回来。

育儿小贴士

· 吃饭的时候，要给孩子创造一个可以集中注意力的环境。

· 餐桌礼仪是很重要，但想让孩子多吃，吃饭过程是否愉快也很重要。

· 不管做什么孩子都不吃的时候，少吃一顿也是可以的。

1岁以上适用

02 让孩子马上进入梦乡的小妙招

最适合孩子不肯乖乖睡觉这种情况的小妙招！

"真的好想让孩子快点儿睡觉啊！"这样的想法你有过吗？

对于第一次抚育孩子、没有什么经验的妈妈来说，哄孩子睡觉真的是一件令人头疼的事。大部分的母亲应该想过："如果一哄孩子，他马上就能睡着该有多好啊……"因此，这次我就尽可能多地介绍几个让孩子很快就能进入梦乡的小妙招。

首先，白天让孩子运动使其产生一定的疲劳感。白天运动不足会使孩子变得越来越能熬夜，入睡也越来越困难。**重新审视一下孩子白天运动量是否过少，如果觉得"可能有点儿少呢"，那么就多给孩子制造一些走路的机会吧。**

其次，傍晚睡觉绝不可取。孩子午觉睡到15点左右是没问题的，但在**17～19点这个时间段一定要避免孩子睡觉**。孩子上幼儿园之后会出现在这个时间段睡觉的倾向，但为了晚上能更好地入睡，这段时间请尽可能让孩子保持清醒。

再次，培养睡觉前的固定仪式也是一个有效的方法。比如，培养每天睡觉前读绘本的习惯，让孩子形成“读完这个就该睡觉了”的意识。这个仪式可以是读绘本，也可以是和孩子说说话，还可以是听音乐。**只要形成了习惯，孩子脑中就会记住这个“睡觉时间点”**，入睡自然就变得简单了！

最后，睡前泡个温水澡也有助于入睡。泡澡可以促进血液循环并使人平静，如果感觉孩子“最近入睡有些困难”，就

培养一个“做完这件事就睡觉了”这样的仪式

可以试一试。除此之外，“喝热牛奶”“在脚下垫枕头使脚部抬高”“足底按摩”等方法也是可行的，你还可以尝试其他的方法。

育儿小贴士

· 白天的适量运动可以使孩子更好地入睡。

· 傍晚17～19点睡觉不利于孩子晚上入睡。

· 推荐培养睡前必做的“睡前仪式”。

1～3岁适用

03 让孩子安安静静换尿布的小妙招

要让孩子知道换尿布也是一件有趣的事情！

“要是不用换尿布该多好啊！”这样的想法你有过吗？

给婴儿换尿布是件很麻烦的事情。光是让孩子仰面躺好就十分不容易了，如果孩子因为拉了屎而乱闹的话，母亲便会手忙脚乱。在这个过程中，因为不能按希望的那样顺利进行，母亲会开始变得急躁，有时甚至还会不自觉地对孩子大声说“老实一点儿”。

针对这种情况，首先介绍一个把孩子“放平”的小妙招。因为孩子一个人仰面躺着的时候会感到不安，所以可以**让他手里拿个东西**。但如果是孩子不喜欢的东西，他会马上扔到一边，因此**让他自己选择想拿的东西**是很有必要的。比如，给他“钥匙和手帕”这两样东西，看他自己会选哪一个。试试你就会知道，孩子是不会很快就把自己选的东西扔到一旁的。另外，把孩子脸向上转过来的时候，**和他贴贴脸也很重要**，因为不管是脸蛋还是额头，和孩子贴贴脸能让他感到安心。

其次，介绍一下更换尿布的小妙招。把孩子脸向上转过来后，要马上把裤子脱下取出脏尿布，并**向孩子两腿间吹一口气**。这样，平时总乱闹的孩子也会乖乖听话的。因为两腿间凉凉的感觉让孩子感到很舒服，所以他自然就会乖乖的了。

最后，再介绍一个小妙招。把孩子擦干净后，请慢慢地、温柔地抚摸孩子。这个时候重要的是**母亲要面带微笑**。这样做会让孩子感到换尿布“是件很舒服的事”“妈妈也很

换尿布之前让孩子自己选择喜欢的东西

开心”。随着这样的经验越来越多，给孩子换尿布也会变得越来越简单！

育儿小贴士

·换尿布的时候让孩子自己挑选想拿着的东西。

·取下脏尿布的瞬间，向孩子两腿中间吹一口气。

·很重要的一点就是，即便再忙，母亲给孩子换尿布时也要面带笑容。

2岁以上适用

04 让孩子爱上洗手的小妙招

使用反复的“有节奏的词语”
能让洗手变得更加有意思哦！

你是否有过因为刚从外面回家的孩子不去洗手而生气的时候呢?

不管几岁，孩子都喜欢在户外玩耍。考虑到清洁与卫生问题，母亲很希望从外面玩回来的孩子能够马上洗手，但事实上想要实现这点并不是那么简单。因此，下面我要介绍的就是让孩子爱上洗手的小妙招。

首先，我们要找出孩子不爱洗手的原因及其改善方法。对于孩子的身高来说，洗手池太高，孩子会有“够不到所以不喜欢”这样的心理。对此，可以根据孩子的身高给他设一个小凳子，**制造一个很轻松便能洗到手的环境**。

其次，孩子会有“因为水龙头不好打开所以不喜欢”的心理。虽然现在的水龙头大多是很容易开关的，但对孩子来说是否简单就另当别论了。因此，反复教他水龙头的开关方法，能很好地解决这个问题。

最后，还有一个原因可能会让人感到意外，那就是“不想被妈妈使劲地搓手所以不喜欢”的心理。母亲想把孩子的手洗得干干净净的心情可以理解，但**让孩子随着自己的节奏洗手也是很重要的**。

应对洗手难的珍藏级小妙招就是**创作一首“洗手歌”**。也许你会觉得创作一首歌曲很难，但是像“小小手呀，洗一洗，洗一洗，洗一洗”“打上香皂，搓一搓，搓一搓，搓一搓”这样，在每句话后面加上反复的“有节奏的词语”就可以创作出一首很不错的洗手歌。孩子很喜欢有节奏的词语，因此一边说着“洗一洗，洗一洗”，一边像搔痒一样给孩子

利用洗手歌能让孩子兴致勃勃地洗手

洗手会令他很开心。顺便说一句，如果用同样的动作但嘴里什么也不说的话，孩子会不明白你在做什么，所以千万不能小看洗手歌的作用。熟练地运用有节奏的词语，给孩子唱“小毛巾呀，擦一擦，擦一擦，擦一擦”，这样擦手也会变得简单有趣起来。

育儿小贴士

- 给孩子创造自己也能简单洗到手的环境。
- 让孩子随着自己的节奏洗手。
- 推荐使用带有节奏词语的洗手歌。

3岁以上适用

05 让孩子爱上画画的小妙招

只需要一点儿诱因就能让孩子爱上画画哦！

“孩子要能开开心心地画画就好了！”这样的想法你有过吗？

孩子本来是很喜欢画画的，但在孩子面前放一张白纸，告诉他“随便想画什么就画什么”时，他反而会画不出来。这多是由于孩子对画画没有自信造成的，而且画不出来的孩子也分成好几个类型，例如，犹犹豫豫无法下笔的，只能画出几根细线的，画得太小还留了很多空白的等。有不少孩子画的画会让旁边的母亲看了感到不安，因此我要介绍一个让孩子对画画有信心的小妙招。

首先，最基本的就是**随时准备好纸和笔**。虽然哪种纸笔都可以，但纸最好比B4纸大，笔推荐用蜡笔。为了让孩子安心，开始的时候请母亲和孩子一起画。孩子画的时候，母亲可以握着孩子的手把线画得长长的，把圆画得大大的。孩子能把画画大的时候，基本上也就掌握了整体的协调性。

其次，对待孩子的作品也是有小妙招的。“这幅画画得真棒啊”“妈妈好喜欢这幅画”“这幅画好有趣啊”等，类似这种**奖励、认可的语言能使孩子的自信心得到很大的提升，所以说多少都不为过。**反之，“这幅画画的是什么啊”“这是长颈鹿吗”“好可惜，没有耳朵呢”“再画大一些可能更好呢”“要是颜色能换一下就好了”等，类似这种消极的话则一定不要对孩子说。即便母亲说话时并没有恶意，但孩子会认为自己画错了，因此令自信心受到打击。

用称赞提高孩子对绘画的兴趣是最有效的

最后一点，请把孩子的画装饰在家里。这样的话，孩子对画画的信心会增强，自然更喜欢画画了。

育儿小贴士

- 身边准备好纸笔，让孩子随时都可以画画。
- 对孩子画的画尽情地表扬。
- 对孩子画的画不说任何带有消极情绪的话语。

3岁以上适用

06 让孩子立即行动的小妙招

如果让孩子自己选择，他就会马上行动起来！

你是否有过因为孩子不肯乖乖去做某件事而发怒的时候呢?

下面要介绍的是，想让孩子去做某件事，或是孩子一直吵着“不要不要”、说什么都不听的时候，能够用上的小妙招。方法很简单，随便准备两样东西（没有实物，只是口头上描述也可以），然后问孩子“哪个好呢”。前面也提到过，孩子对于自己做出的选择，往往会乖乖地执行。

举个很常见的例子，孩子不肯穿短裤的时候，母亲经常会说出“快点儿穿上”“为什么不穿啊”“穿哪条短裤”这样的话。这种情况下，应该在说话之前让孩子看一看两条短裤，并问他“哪条好呢”“想穿哪条”。这样的话，孩子一定会从中选择一条。而对于自己的选择，也就是自己做出的决定，孩子一般都会乖乖去执行，并迅速地行动起来。其他情况，比如，孩子不肯刷牙的时候，可以准备两种牙膏，并问他“今天是用草莓味，还是香草味”。准备两把牙刷让孩

问孩子“哪个好”能让他的行动变得顺畅

子选择，效果也是相同的。可以说，这个小妙招能够广泛运用在各种各样的情况下。

需要注意的是，**孩子并不擅长从众多备选项中做出选择，这是因为孩子的大脑对这些备选项做出整理需要花费很多时间。**吃饭的时候问孩子“想吃什么”，绝大多数情况下孩子会回答“不知道”（或者是回答脑中记得的一个菜名）。这个时候可以问他“今天是想吃咖喱，还是想吃汉堡肉[1]”，让他二选一，孩子一定会从中选择一样，母亲也就

[1] 一种用肉糜和洋葱、胡萝卜等蔬菜做成的肉饼。

不需要为做什么饭而发愁了。这个方法对于孩子的学习也同样适用。不要说“快去学习”，而是问他“今天是要做计算题，还是要练习写汉字”，这样就算孩子不情愿，也会乖乖去做的。

育儿小贴士

· 想让孩子做某件事时，可以先让他自己做出选择。

· 孩子对于自己做出的选择会乖乖地执行。

· 提问时尽量不要提供过多的备选项。

2岁以上适用

07 终极小妙招，熟练掌握称赞的语言

这次要介绍的小妙招是能让孩子的干劲得到大幅提升的称赞法！

你是否想过用赞美的语言使孩子获得进步呢?

在育儿过程中，“称赞”是一件很重要的事情。但是，从母亲的角度看，“虽然想表扬他，可是他既不听话，又任性、为所欲为，没有什么值得表扬的地方啊！”这可能是母亲们的心声，我对此也十分理解，但依然请大家称赞自己的孩子，即使一天只有一次也好。得到称赞意味着得到认可，而且**父母的称赞会促使孩子慢慢成长。**

那么，接下来我将详细地介绍如何称赞孩子的小妙招。孩子表现好的时候，母亲经常会表扬说“乖孩子”“做得真棒”，这时请务必记住是在什么情况下表扬的孩子。回到家之后，**当着孩子的面把表扬孩子的事情说给爸爸、奶奶等家人听**：“在公园玩的时候，把自己的球借给小朋友玩了呢！”“在超市和人说‘谢谢’了呢！”“今天练钢琴可努力了！”“会骑自行车了！”像这样，自己得到表扬的行为被汇报给家人，孩子也会十分高兴，而且这种喜悦还会转化为下次继续努力的动力。

但是，也有一些母亲会说“可是爸爸回来得太晚了”。这样的情况下，**表扬孩子需要用的就是肢体动作而非语言了。**孩子做了值得表扬的事，摸摸孩子的头、抱抱他。这个时候不要说“乖孩子”，而是换成“摸摸头”或是“把头伸过来些”。孩子也许会想“这是做什么”，但因为是在做了

请每天赞美孩子一次

好事之后，所以他能理解动作的意思。摸摸孩子的头，再静静地把他抱紧，这里不需要语言，因为母亲的感受不需要语言，通过身体就能传达给孩子。这样做就能让孩子充分地意识到“自己得到了肯定”。当然，把头换成脸蛋，一边抚摸一边表扬孩子也是可以的。

育儿小贴士

· 称赞孩子，就是对他的认可。

· 在家里，当着孩子的面告诉家里人孩子为何受到了表扬。

· 用身体而非语言的表扬方式也是很重要的。

2岁以上适用

08

让孩子在十字路口不会乱跑的小妙招

为防止孩子突然跑出去，重要的是使用易懂的指令和很大的声音提醒他！

孩子突然从十字路口窜出去，让人心头一紧的情况你遇到过吗?

在马路边走的时候，如果能一直牵着孩子的手当然是最好的，但孩子经常会自己突然跑开。即使是在有视线死角的十字路口他也会不管不顾，只要母亲一松手他马上就会跑出去。“不许跑开”“危险”，虽然母亲会一面这样说一面追出去，孩子却会像玩游戏一样地逃开。这个时候如果真的有车来了……想想都会让人感到不安。

那么，这种情况下怎样做才好呢？首先，**最重要的是，对孩子使用“易懂的语言”**。“不许跑开”中，孩子其实并不理解“跑开”的意思。“危险”也是一样，孩子并不知道什么事是危险的，所以不能很快地做出反应。因此，简单的“站住”或者“停下”才是最有效的。感到有危险的时候，尽情地大声喊“站住”“停下”吧！**对简单易懂同时声音很大的指令，孩子会很快地做出反应。**

另外，为了让孩子知道车从看不到的地方向自己冲过来是一件十分危险的事情，让孩子提前体验一下会是一个不错的办法。做法是，先用毛巾蒙上孩子的眼睛，再让他在家中走动。孩子由于看不见所带来的恐惧，一定不会跑动。第二天，带孩子去有盲区的十字路口并指给他看，告诉他：“昨天做的看不到的练习可怕吧？汽车同样会从看不到的地方突然出来哦！”因为有过被蒙上眼睛看不到的经验，这个时候

危险的时候，大声说出简单易懂的指令最有效

再教给孩子交通规则或者什么事情是危险的，孩子就会更容易接受了。

育儿小贴士

· 在危险的场合用简单易懂的指令提醒孩子。

· 真正危险的时候说话声音要大。

· 让孩子体验一下恐惧的感觉，能让他的意识有所改变。

2～3岁适用

09 必读！让孩子学会穿鞋的小妙招

和孩子一起坐在玄关，让他看到你穿鞋的动作！

“要是孩子自己能穿鞋就好了！”这样的想法你有过吗？

等孩子1岁多会走路以后，就可以正式带他去公园玩了。这时的孩子也能每天穿着鞋在地上走。自己穿鞋对刚开始学走路的孩子来说还有些困难，但**到孩子2岁左右时，就有必要让他练习穿鞋了**。这里要给大家介绍的是非常实用的让孩子学会穿鞋的小妙招。

孩子刚开始学走路的时候都是母亲给孩子穿鞋，并且大多数情况下母亲会自己先把鞋穿好，但这样孩子就看不到母亲是怎样“穿”的。所以，首先要**坐到孩子的旁边，让他看到“穿”这个动作**。因为让孩子看到用手拿着鞋，把脚伸进去这一系列的动作是很重要的。

孩子的鞋后面，一般会有便于提鞋用的小“舌头”（呈环形的布），但这种向上拉的小“舌头”相对较小，2～3岁的孩子很难用它把鞋穿好。所以，为了让孩子把鞋提上，可以**在小“舌头”上再加上一节绳子或者一个小环**，这样孩子就能很容易地把鞋提起来了。顺便说一下，在孩子用的包或者裤子的拉链上拴上小绳子或者小环，也有助于提高孩子拉拉链的能力。

最后一点，对孩子来说区分左右是很难的事情，当然他也不懂什么是“脚心”，因此把鞋左右穿反的情况经常发生。这个时候，要**先把“左”和“右”这两个词教给孩子**，即便他不理解也不要紧。然后，把一个徽章或者图画从正中间分开，分别贴在两只鞋鞋面的内侧，使图画在孩子穿上鞋后能合为一个整体。这样做能提高孩子对左右的认识，更重要的是能让孩子爱上自己动手穿鞋。

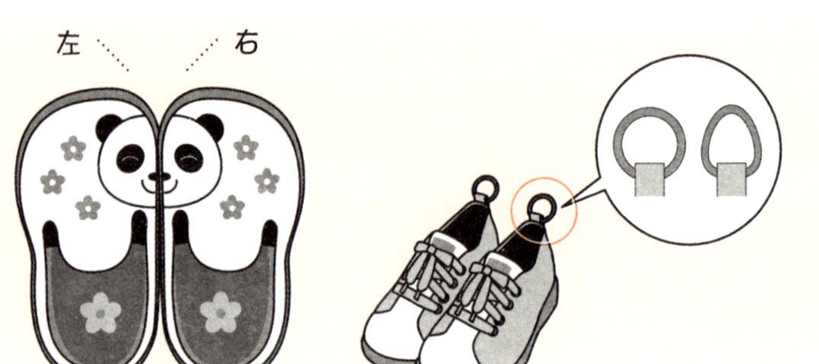

简单地改变一下，便能增强穿鞋的乐趣

育儿小贴士

·坐在孩子身边，让他看到穿鞋的动作。

·在鞋子后面的小“舌头”上加上小绳子或者小环。

·在两只鞋鞋面的内侧分别贴上可以合二为一的徽章或者图画。

1岁以上适用

10 加强孩子上厕所意识的小妙招

不要让孩子有“卫生间又脏又恐怖”这个印象。

你是否有过自己去上卫生间而留孩子一个人孤零零在外面的时候呢?

“母亲去上厕所的时候，请不要关卫生间的门。”如果这样写的话，大家会想：“祖川老师怎么了？怎么可能不关卫生间的门呢！”但这却是孩子6个月（从会翻身开始）左右到2岁之间的愿望。尤其是“孩子可以摇摇晃晃地走路，总跟在大人身后”以及“看不到母亲就会哭”的这段时间，母亲在上厕所时最好不关卫生间的门。

事实上，孩子刚开始学会走路时喜欢跟在母亲身后，是出于对母亲的喜爱。同时，**对这个时期的孩子来说，母亲的存在就像救命的绳索**，是极其重要的。作为母亲可能会想“都已经1岁多了，就一个人待会儿吧”，于是毫不在意地去上厕所并且嘭地把门关上。但是这个时候，孩子却会想：“妈妈把我丢下去门的另一边了，可能不会再回来了。那扇是把妈妈藏起来的可怕的门。”对于处在喜欢跟在母亲身后这个时期的孩子来说，虽然可能有些夸张，但最好能让他时刻看到母亲。因此，即使有些难为情，这个时期也请不要关上卫生间的门。

另外，这个时期也是孩子开始学习使用便盆的时候。母亲可以尝试和孩子一起进入卫生间，把便盆放到马桶前面，和孩子一起上厕所。**孩子会因为想要模仿母亲坐在马桶上的样子，产生“自己也要坐到便盆上”的想法。**因此，这个时期要保持卫生间的门随时都是打开的，让孩子知道那里并不

漂亮的卫生间有助于孩子的成长

是什么不干净、可怕的地方。而且在卫生间里装饰一些花，或者粘贴动画人物的海报，制造一种轻松愉悦的气氛，效果会更好。

育儿小贴士

·母亲上厕所时关上门的话，会让孩子感到不安。

·坐便盆的练习，从和孩子一起上厕所开始吧！

·为了让孩子喜欢上厕所，可以在卫生间制造一种轻松的氛围。

2岁以上适用

11 让孩子不挑食的小妙招

“吃了这个会怎么样呢？”一边和孩子进行这样的对话，一边享受进餐的乐趣吧！

“孩子什么都吃该有多好啊！”这样的想法你有过吗？

我们的餐桌上每天都会出现这样或那样孩子不喜欢的食物，比如青椒、西红柿、牛奶等。因为母亲都不希望孩子挑食，所以只给孩子做他喜欢的食物是不可能的。下面给大家介绍一个让孩子不挑食的小妙招。

做法很简单。吃饭的时候，希望母亲在孩子吃了他不喜欢的食物后，配合稍微夸张的手势说“长高了好多啊”“力气变大了啊”等。

以喝牛奶为例。母亲在喝之前先告诉孩子“喝了牛奶会长高”，再一边说着“妈妈喝了会怎么样呢”一边把牛奶喝掉。喝完以后站起来，使劲踮着脚说道“啊，真好喝，好像长高了呢”。接下来在劝孩子喝的时候，他虽然不会百分百地相信，但也会抱着试试看的心态喝一点儿。要想取得更好的效果，就要在孩子哪怕只喝了一点儿的情况下，也要用手指比画着2厘米左右的距离，并告诉孩子“好像长高了这么多呢”。

接下来再举一个吃青椒的例子。青椒可以“增加力量”。母亲可以在吃之前找一把椅子并搬一搬，说“这个椅子好重啊”，之后一边说“吃了青椒会变强壮”一边把青椒吃掉。吃完后，母亲再把椅子轻松地搬起来，说“看，我变强壮啦”。怎么样，简单吧？

像这样**结合食材的特性，告诉孩子“吃过这个会怎么样”，并高兴地把结果用动作展示给孩子看**，不但可以提高

略显夸张的肢体语言才是最有效的

孩子对食物的兴趣，还可以把每天的吃饭时间变得有趣起来。对孩子喜欢的与不喜欢的食物，母亲不能单纯地用语言以说教的口吻让他注意，而是要用有趣的动作以好玩的方式把信息传递给他。这样孩子自然就会变得不挑食了。

育儿小贴士

- 用动作告诉孩子“吃了这个会怎么样”。
- 对于孩子的挑食，单纯用语言来说教不可取。
- 吃饭如果变得有趣，孩子挑食就会变少。

2岁以上适用

12 与孩子的沟通变得顺畅的小妙招

通过加强孩子对“眼神”的意识，来提高亲子间的交流质量吧！

“要是能更好地体会到孩子的心情就好了！”这样的想法你是否有过呢？

育儿以及母子关系的基础就是沟通，而“能够沟通”与“无法沟通”之间的差距是十分巨大的。良好的沟通不但能使对话成立，也能令育儿过程更加从容。因此，下面我要介绍的就是以“眼神”为重点的沟通方式。

首先，请想象一下哺乳时的场景，哺乳过程中一定会有母亲与孩子目光交汇的时刻。也就是说，沟通的第一步就是视线的交汇。虽然随着孩子的成长，他的行动会越来越快，与他对视的机会也会越来越少，但请在生活中有意地创造与他对视的时间。对视时，记住要带着一丝微笑，但时长不要超过5秒钟，因为长时间的对视会让孩子感到是一种威胁。

其次，想要看着孩子的眼睛与他沟通的时候，母亲可以蹲下来，这样能使母亲视线的高度与孩子一致。如果母亲站着，即便是无心的，也会给孩子“居高临下”的感觉，沟通自然也会变得有压力。**母亲蹲下能使孩子感到安心，觉得母亲“什么都会听我说”。**

最后，母子看同一件事物时也有可以用到的小妙招。母亲和孩子在一起的时候，如果感到“现在我和孩子在看同一个东西呢”，就一定要把看到的东西用语言表达出来。“啊，是燕子”“月亮真亮”“好漂亮的蒲公英”“这果汁看起来很好喝啊”……对象是什么都可以。**和孩子看同样事物的时候，请让他感受到与你的“视线共享”。**有过这种体验的孩子，能够更好地理解人与人联系及沟通的重要性，这也有助于他的成长。

一些小技巧就能提高沟通的质量

育儿小贴士

· 创造目光交汇的机会，并保持微笑。

· 母亲可以把视线降到孩子的高度。

· 意识到和孩子在看同一个事物的时候，要用语言表达出来。

3岁以上适用

13 让孩子把脱下的鞋摆放整齐的小妙招

母亲如果擅长赞美，那孩子就很容易养成良好的习惯！

你是否因为门口的鞋子总是乱七八糟的而无可奈何呢?

孩子从外面回家的时候会说“我回来啦”，这是好事，但母亲在门口看到的总是放得乱七八糟的鞋子。一起回到家的时候，孩子也是很快就脱掉鞋往屋里冲。如果母亲生气了，命令他“把鞋摆好啊”“把鞋放进鞋柜”，虽然他也会勉勉强强地去做，可一旦把母亲生气的事忘掉，他就会恢复原样。有类似情况的家庭应该是很多的。

为此，我介绍一个能让孩子把脱下的鞋子摆好，整齐地放进鞋柜的小妙招，虽然这个方法花费的时间可能会稍微长一些。小妙招的重中之重是，与其斥责或者强迫孩子去做，不如**在孩子自己把鞋子摆整齐或是放进鞋柜后（模仿母亲的动作也可以），对孩子说一句“哇，好整齐”。**不用刻意选择语言，重要的是把行动与结果的关系用简单易懂的话告诉孩子，也就是“为什么要这样做”，如果“这样做了（整理了）会怎样（会变整齐）”。

像这样用语言称赞孩子，能使他逐渐理解“把鞋摆好”能使门口“变得整齐”。同时，因为得到了母亲的称赞，孩子不但会感到开心，也会为自己感到自豪，而这些会促使摆鞋成为他的一种习惯。换句话说，孩子对表扬和斥责接受的程度不一样。与其每天斥责孩子强迫他去做，不如多考虑一下对他做到的事要如何表扬。这个方法对于让孩子把脱下的衣服放入洗衣篮、收拾碗筷以及整理使用过的文具等生活

表扬孩子的时候可以稍微夸张一些

的各个方面都可以应用到。这里要再重申一遍，**表扬孩子的时候，一定要让他明白因为什么而受了表扬。**比如“哇，摆得好整齐啊”“收拾得真好啊”这样的表扬方法就很好。另外，表扬的时候也可以加上鼓掌的动作哦！

育儿小贴士

· 做不到的不要批评，做到的要表扬。

· 要让孩子明白为什么受到表扬。

· 千万不要错过孩子自发的良好行为。

4岁以上适用

14 让孩子不再尿床、尿裤子的小妙招

这里要介绍3个防止孩子尿床、尿裤子的小妙招！

"孩子要是能早点儿不尿床就好了！"这样的想法你有过吗？

孩子尿裤子、尿床是很正常的事情。但对母亲来说，每天训练孩子上厕所却是很令人发愁的一件事。母亲还不免会担心"为什么我家孩子这么爱尿床（尿裤子）呢？会不会是反应迟钝啊"。

首先你需要知道的是，孩子平均在3岁左右才能够做到白天不尿裤子，到5岁左右才能完全避免晚上尿床。但是，尿裤子、尿床的情况因人而异，并且随着纸尿裤的品质越来越好，要想完全避免这种情况的发生，恐怕说要等到孩子上小学以后也不为过。因此，不要给孩子太大的压力。

接下来便是我要介绍的小妙招了。由于避免孩子尿裤子、尿床的要点，就是建立大脑和膀胱之间的反射，因此可以通过以下3个方法使孩子对这一反射更为敏感。

第一个训练是憋尿，即到卫生间先数"1、2、3……"再让孩子尿。要让他学会忍耐，因为忍耐可以促进大脑与膀胱之间反射的形成。但是，憋时间太长会对身体造成不好的影响，所以大约数到“10”就可以了。

第二个训练是在尿的过程中把尿停住。母亲在孩子尿的过程中试着通过说“好了，停下”来让孩子把尿停住，这样可以使反射得到进一步增强。

第三点也是最重要的一点是孩子尿裤子、尿床了，母亲也不要生气。当然，作为练习的“憋尿”“中途停尿”，如

上厕所的训练要循序渐进，不可操之过急

果孩子做不到也同样不要生气。因为连母亲自己也不知道该如何是好的事情，孩子更不知道要如何做，所以即便母亲发怒，情况也不会得到改善。并且要注意不要让孩子对在卫生间上厕所产生反感，而要保持快乐的心态，循序渐进地进行上厕所训练。

育儿小贴士

· 结束尿裤子、尿床的时间因人而异。

· 通过上厕所训练，建立大脑与膀胱间的反射。

· 禁止母亲因为孩子尿裤子、尿床而生气。

1～3岁适用

15 让孩子即便摔倒也不会碰到头的小妙招

孩子刚会摇摇晃晃走路的时候是很危险的，所以为了防止不幸的情况发生，请做好准备吧！

你是否觉得蹒跚学步的孩子摔倒是件很危险的事呢?

之前还是只会爬来爬去的孩子，突然会扶着东西走路了，对母亲来说，没有什么比这更令人开心的了。但是，孩子从需要大人扶着走，到会自己摇摇晃晃地走之后，新的问题又出现了，那就是孩子摔倒的危险。向前摔还算安全，但孩子有时也会出现向后直直地倒下去的情况。母亲一想到孩子有可能“向后摔倒，头重重地撞到地上”，就会感到坐立不安。因此，从孩子扶着东西站立到蹒跚学步的这段时间里，母亲会变得越来越担心，一刻也不敢把目光从孩子身上移开。

对此，我来介绍一个降低孩子摔倒风险的小妙招。当然，如果家里能全部铺上地毯的话，那就没有任何问题了，但这恐怕并不容易。因此，让我们学一下可以用在孩子身上的防护措施吧！方法很简单，让孩子背上装有揉成团的报纸的小背包就行。这样做，即使孩子向后摔倒，背包的缓冲作用也能减少他所受的撞击。如果把**根据孩子头部高度剪裁的厚纸板和报纸一起装进小背包**，安全性则能得到进一步的提高。

另外，孩子会扶着东西站立以后，很多家庭会给孩子买玩具小推车，但小推车会引起很多问题。刚学走路的孩子会把全部重量都集中在这个小车上，推着它向前快速移动，但孩子的脚步还跟不上车子移动的速度，因此会发生向前摔倒的情况。为了防止这一情况发生，可以**在小推车中加入一些重物，保证孩子即使把体重全压上去也不会摔倒。**使用的重

只需要下一点儿功夫，就能提升对孩子的安全保护

物没有任何限制，可以是大米，也可以是绘本。因为增加了重量，小推车前进的速度会变慢，但对刚刚学步的孩子来说这个速度才是正合适的。

育儿小贴士

・孩子蹒跚学步这一时期充满了危险。

・在孩子的小背包中塞入揉成团的报纸能提高安全性。

・通过在小推车中加入重物来调节前进的速度。

1岁以上适用

16 让孩子停止打嗝的小妙招

你知道止住打嗝的好方法是什么吗?

你是否有过因为孩子突然开始打嗝而感到害怕、不知所措的情况呢？

孩子第一次打嗝的时候，相信每个妈妈都会吓一跳。即便是成年人想止住打嗝也不是件容易的事情，发生在孩子身上时，家长更会不知所措，不知道该如何做、如何说。对此，我要介绍两个止住打嗝的小妙招。

第一个方法是**舔盐**。盐会刺激嗓子，横膈膜的痉挛便可因此得到抑制，打嗝自然就停止了。但这个方法需要1～2分钟才会起效。

如果孩子开始打嗝，让他舔点儿盐吧

第二个方法是

让孩子仰面躺在床上，并在他后背垫个枕头。对于不喜欢舔盐或是正在睡觉的孩子，可以令其仰卧并在他背后垫个枕头，使孩子的头向后仰，咽喉得到伸展。让孩子保持这个姿势并做1分钟的深呼吸，这样几乎百分百可以令打嗝完全停止。

总之，孩子打嗝时千万不要惊慌，试试这两个小妙招吧。

育儿小贴士

· 孩子开始打嗝了，给他舔点儿盐。

· 仰卧时，在孩子背后垫个枕头也是十分有效的。

第2章

幼儿园、小学入学考试也会用到

——简单提升孩子能力的小妙招

3岁以上适用

17 让孩子爱上学习的小妙招

试着从孩子小的时候就开始积极地使用“学习”这个词吧！

你是否希望孩子能喜欢学习呢?

这次我们先从结论说起。**想让孩子从小喜欢上学习的母亲，要从孩子幼儿期就积极地使用“学习”这个词。**这样写可能会有母亲担心：“孩子还那么小就和他说学习，没关系吗？”其实简单来讲，这么做就是希望母亲能把孩子从小爱玩的猜谜、迷宫等游戏说成“学习”，让孩子从中体会到快乐。一般来说，母亲会把小学里的语文、数学还有家庭作业叫作“学习”，把猜谜、迷宫叫作“玩”，而这正是失败的根源。

一个人会把他小时候对一个词语的理解一直带到成年以后。也就是说，如果上小学后才记住“学习”这个词，那么就会形成这样一种理解，即“学习=上课=作业=考试=指标”，而这种理解便使“学习”带上消极的含义。然而，如果记忆中的“学习”是幼儿时玩的猜谜、迷宫等游戏的话，那么就会形成“学习=游戏=完成会很开心”的思维模式。这样的孩子在上小学后，也会把学习语文、数学等科目理解为一件“完成会很开心”的事情。

孩子在幼儿时期是很乖的，但是上小学后就会渐渐变得不听家长的话，所以即便那时候告诉他“学习是很有意思的事”，他也是听不进去的。也就是说，**在孩子上小学后再纠正他对学习的态度，就会很困难。**因此，最适合让孩子对学习形成一个良好印象的时期，就是他还很单纯听话，同时生活还与考试、测评无关的幼儿期。从孩子小的时候开始，就

让孩子多多体会“学习=有趣”吧

在带他玩猜谜、迷宫时对他说“来，学习啦”，实际上是培养爱学习的孩子的一条捷径。

育儿小贴士

· 正是因为孩子还处在幼儿期，才更应该经常使用“学习”这个词。

· 教给孩子学习是一件“完成会很开心”的事情。

· 上小学后再教给孩子“学习=有趣”是很难的。

3岁以上适用

18 将日常生活和智育联系起来的小妙招

日常生活中有很多能够和智育联系起来的事情！

你有没有从一开始就认为智育是一件很难的事呢？

妈妈们好像都认为智育是一件很难的事情。的确，作为一门学问，智育是很深奥的，但是在实际的育儿过程中，智育却并不是那么难。这里，我会介绍几个用孩子的玩具或是日常生活中的琐事，便能进行智育的小妙招。

首先，我们要用到的是这几年越来越受欢迎的玩具电话。**玩具虽然不能真正地打电话，但母亲依然可以利用它与孩子进行一些简单的对话。**比如：“你好，请问是山田家吗？”“由佳（孩子的名字）在家吗？”“由佳在干什么呢？”等，让孩子自然地学会一边思考一边说话。如果是在幼儿园，可以问些“昨天都做什么了”“休息日去哪儿玩儿了”等稍微有难度的问题。让孩子对着电话一边回忆发生过的事情一边说话，这对他将来写日记也会有很大的帮助。

其次，介绍一个在日常生活中，开车出门兜风时可以用到的小妙招。**孩子会说“汽车”这个词后，我们可以教他辨认“普锐斯”“飞度”等车型。**这样做，孩子便能很快说出类似“前面的车和我们的一样是赛瑞纳呢”的话了。另外，也可以让孩子**练着读一读前面车的号牌**。将“1717”读作“yī qī yī qī”，可以帮助孩子更早地理解数字的概念。这对孩子上小学后学习4位数的加减法是很有帮助的。

最后，**教孩子辨认回家的路**也是一个进行智育的好方法。到十字路口的时候问孩子“接下来该怎么走呢”，他会很开心地回答你，而这也可以提高孩子对“左”和“右”的认识。

合理利用道具，把智育变得快乐起来吧

育儿小贴士

·不要认为“智育”是一件困难的事。

·用玩具电话提高孩子的语言能力是再合适不过的了。

·让开心的外出时间成为开心的智育时间。

2岁以上适用

19 让孩子学会说“谢谢”的小妙招

母亲的以身作则很重要哟！

你是否有过因为孩子不肯说“谢谢”而急躁的情况呢?

在店里，当孩子从服务员那里得到小礼物之后，母亲总会这样说：“快，还不说‘谢谢’！”究其原因，就是很多时候孩子在从别人那里得到什么之后，不会马上说“谢谢”。为此，我要介绍一个在需要对周围人表示感谢的场合，例如掉落的东西被他人捡到时，坐公交、地铁有人给让座时等，孩子能够自己马上说出“谢谢”的小妙招。

这个小妙招其实很简单，就是在生活中孩子帮忙做什么事后，母亲对孩子说“谢谢”。也就是说，**母亲在与孩子的对话中多使用“谢谢”，便能够影响孩子。**

孩子帮大家在饭前拿来了筷子、帮母亲拿来了报纸、吃了好多饭……这些情况下一定要对孩子说“谢谢”。母亲多这样说，孩子也必定会开始这么说。反之，孩子不肯说“谢谢”，正是母亲没有对孩子说“谢谢”的证据。同样，孩子不说“对不起”也是这个道理。

有一点可以肯定，那就是**孩子是模仿着父母的言行成长的。**如果想培养一个会说“谢谢”“对不起”的孩子，那就要多对他说“谢谢”“对不起”。也许你会认为这很难，但只要一直怀有“虽然育儿很不容易，但还是要感谢你的出生”“无法成为优秀的父母，对不起”这样的心态，那这件事就很容易做到了。

请把营造一个充满感谢氛围的家庭当作目标吧

育儿小贴士

・对孩子良好的行为，要多说“谢谢”。

・在家中的对话中多使用“谢谢”。

・父母每天的行为要做到被孩子模仿也不会觉得惭愧。

2岁以上适用

20 让孩子在想“尿尿”之前能提示家长的小妙招

训练孩子上厕所切不可急躁，一步一个脚印地进行吧！

“为什么想上厕所却不说呢！”你是否这样训斥过孩子呢?

育儿中让母亲最感到烦恼的事情之一就是“训练排泄”，因为训练排泄既要考虑让孩子开始使用便盆、开始独立穿内裤的时机，又要注意观察孩子是否有尿意。这些事情都是之前从未经历过的，所以确实很难。但是，总有一天孩子要学会自己上厕所，因此我要介绍的就是训练孩子上厕所的基本常识及小妙招。

首先，**上厕所训练在孩子1岁半～2岁，即会跑以后开始为宜**。做法很简单。早晨以及午睡起床后让孩子坐在便盆上，如果他能在这个时候排尿，那么在他尿的过程中配合着说“啊，好舒服”就可以了。只要孩子感受到了坐在便盆上排泄很舒服，那他自然会养成“用便盆尿尿”的习惯。

其次，由于孩子的膀胱还小，能够储存的尿量不多，再加上忍耐力也有限，所以孩子在3岁前后，经常会出现在玩得正起劲的时候尿出来的情况。但是，母亲在这个时候绝对不要生气，因为你越生气越会导致孩子不敢说想要“尿尿”。

最后，孩子到能够说想要“尿尿”需要经过大致3个阶段：第一阶段=排泄后说“尿尿”“拉屉屉”，第二阶段=马上就憋不住了或者已经憋不住的时候说“尿尿”“拉屉屉”，第三阶段（也是最终阶段）=能够及时说“尿尿”“拉屉屉”并一直忍住。这3个阶段孩子都经历后，训练就可以结

让孩子体会到用便盆排泄是件很舒服的事情

束了。但是，需要注意的是，孩子如果不经历第一、第二阶段是绝不会进入第三阶段的。因此，孩子在尿完以后才说要“尿尿”的时候也要积极对待，多给予他表扬。总而言之，上厕所训练不可操之过急。

育儿小贴士

- 上厕所的训练宜在孩子1岁半～2岁时开始。
- 由于孩子的膀胱发育不完全，存尿、忍耐还都很困难。
- 即便孩子尿了裤子，但只要他能够报告，就要给予孩子表扬。

3岁以上适用

21 让孩子学会排队的小妙招

请明确地教给孩子“排队”这个词语的意思！

你是否有过因为孩子不肯排队而感到忧虑的情况呢？

对小孩子来说“等候轮到自己”“排队”这些事情并不是轻轻松松就能做到的。尤其是2～3岁的孩子，他们正处于幼儿期比较任性且“以自我为中心”比较强烈的阶段，所以会不自觉地做出一些随意的行为。但是，孩子长到四五岁时，父母就应该考虑在上小学前让他学会排队了。否则，在大家都整整齐齐排队的时候，父母如果看到自己的孩子堂而皇之地插队，难道不会发出“为什么我的孩子会……”这样的叹息吗？

为什么孩子会不排队呢？事实上，让孩子理解“排队是指排在队伍的末尾”这个概念是很困难的。举一个排队等火车的例子。孩子绝对不认为“队列是从来得最早的人开始一个一个排起来的，所以会越排越长”，因为他还不明白“先后”这个有关顺序的概念以及时间的概念。对孩子来说，不

管是站在队列的最前面也好，还是插到队伍中间也好，都是“成为队伍中的一员”，所以他并不会认为自己做了什么错事。

在孩子插队的时候，经常能看到毫不留情地斥责孩子，并把他拉到队伍后面的母亲。然而，这个时候最应该注意的就是母亲所使用的语言。**与其使用“排队”这个对孩子来说不知道意思的词语，不如用孩子也明白的“排到队伍最后去”**。同时，母亲还要注意发音要清晰且强有力。仅仅一次可能还不足以让孩子明白，但只要耐心地用孩子也懂的语言解释给他听的话，他就会理解“排队”的意思的。

明确地告诉孩子，他的意识就会产生变化

育儿小贴士

·对孩子来说“排队”的意思很难理解。

·插队的孩子自己并不会意识到是“做了不好的事情”。

·最好的方法就是告诉孩子“排队就是排在队伍的末尾”。

3岁以上适用

22 提高孩子方向感的小妙招

建议让孩子多看看比自己高的地方，并仔细观察周围的环境！

你有没有过因上街时孩子分不清东南西北而发愁的情况呢?

即便是在GPS、汽车导航盛行的现代，认地图的能力依然是不可或缺的。而培养这个能力重点在于**养成外出时环视自己的上下左右，即自身周围环境的习惯**。因为如果走路时视线仅局限于身高的高度，那么就绝对不会产生类似“我现在是在商店的这个位置啊”“已经走了这么远了，车站应该不远了吧”这样的空间概念。

那么，要想提高孩子的空间概念应该怎么做呢？首先，走路的时候要让他看高的地方。比如，让他注意一下山在哪边，在可见的范围内找一下高楼和铁塔等，这些都是可行的。

其次，让孩子学认指示牌。在车站、商场等地方看到厕所、非常出口的指示牌时，可以和孩子一起沿着指示牌的指示，试着找找目的地。虽然只是很简单的事，但这些经验对于培养孩子的方向感是很有帮助的。

最后，正确使用“东西南北”“上下左右”这些方位词也十分重要。如果母亲能够在孩子幼儿时期尽量多地使用这些词，那孩子的空间感一定会得到提升。

有意识地创造孩子看天空或是大山的机会

育儿小贴士

· 培养孩子以更广的视角来看周围的空间。

· 在路上行走时有意让孩子看比他身高高一些的地方。

· 正确使用“东西南北”“上下左右”这些方位词。

2岁以上适用

23 让孩子出门自己背包的小妙招

自己的东西自己拿是培养良好习惯的关键！

你是否犹豫过要不要让孩子自己背包呢？

母亲和孩子一起出门的机会其实会很多，比如偶尔出门买点儿东西、去医院、去街上散步等。这个时候，母亲总会不自觉地想“让这么小的孩子拿东西未免太可怜了吧”，于是把所有的东西都放进自己的妈咪包中。但是，请等一下，如果这个时候专门**为孩子准备一个出门用的包，那么便能十分轻松地让孩子养成“自己的东西自己拿”“不落东西”的习惯。**

只要试一试就会知道，事实上孩子对背包这件事并不排斥，而且说不定出门时让孩子带着自己专用的包，反而会让他比以往更乐意出门呢。但是，占用孩子双手的手提包会引发一些危险，因此如果让孩子带包的话，**应该选择双肩背包或者斜挎在肩上的包。**另外，还需要注意背包的大小，要根据孩子的体型选择小型的背包，同时里面装的东西也尽量要轻、要小。

接下来再介绍几个和孩子一起出门时最好能带上的东西。首先是手绢或者纸巾。手绢的话，最好是带有孩子最喜欢的卡通人物的。另外，湿纸巾也是与孩子一起出门时必不可少的东西。

其次是超市的塑料袋或者雨伞袋。其中雨伞袋十分适合装换下的纸尿裤以及孩子湿了的内裤，所以请一定要试一试。

再次，需要等待的时候，一本画册能够帮你和孩子度过漫长的时间，而随身携带小记事本和圆珠笔也会给你带来方便。

最后，在炎热的季节，带扇子会是一个很好的选择。

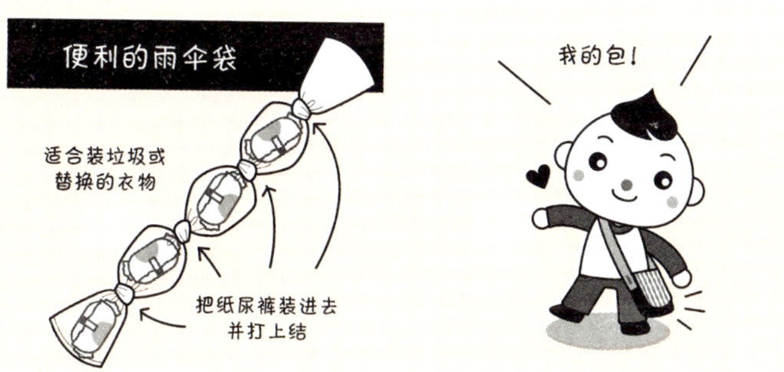

活用雨伞袋，快乐地出门吧

在任何时候都带同样的东西出门，可以提高孩子出门不落东西的意识，而且在孩子长大以后这也会作为一个良好的习惯而保留下来。当然，不要忘记在所带的物品上写上名字。

育儿小贴士

- 出门的时候让孩子自己背他专用的背包。
- 建议选择双肩背包或者斜挎型背包。
- 不要忘记在所带物品上写名字。

1岁以上适用

24 用孩子的画来装饰家

在挂着孩子作品的家庭中，
必定有一个喜欢绘画的孩子！

你是否希望孩子能够心情愉悦地尽情绘画呢？

与其说孩子喜欢绘画，不如说绘画是孩子幼儿时期的必修课。我在第一章也简单介绍过，绘画要从拿过爸爸妈妈手中的笔开始，不管画什么都好。但是，孩子刚开始时还只会画线条。渐渐地，孩子学会画圆。当他会在圆中画上眼睛和鼻子时，整幅图看起来就会越来越像一张脸了。随着孩子的成长，他能画的形状会越来越多，到了6岁左右他就会画玩滑梯、荡秋千的人物了。有的孩子还会画山，画山上黄色、红色的树，画山上的红叶，总之画什么的都有。尽管有极少数母亲会不喜欢孩子画的画，但**画画是激发孩子巨大潜能的第一步，所以请一定要予以重视。**

另外，**绘画可以提高孩子手的灵活度以及他对色彩的认知。**文字的书写虽然也很重要，但是如果孩子连脸都不会画，那字也一定不会写。所以，尽可能地让孩子多画画吧。

接下来介绍一个让孩子爱上画画的小妙招。首先是用具。让孩子多了解用具的特性，告诉他这些用具在很多场合都可以派上用场，不仅限于绘画。因此，铅笔、蜡笔、水彩笔等绘画用具准备多少种都可以。如果这些用具是作为圣诞礼物或者生日礼物送给孩子的，那么他一定会很珍惜的。

除此之外，**孩子画的画请一定要装饰在家里。**把画装进相框，即便是便宜的也无所谓，这样孩子的画就会变成超越毕加索的杰作。对于孩子，他会因为自己的画被装饰在家中

把画装进相框并装饰在家中，能提高孩子的干劲

而感到喜悦，也就会更加有动力。于是，他就会为了“努力让家里更多地摆上我的画”而加倍下功夫了。

育儿小贴士

·绘画是孩子幼儿时期的必修课。

·绘画是激发孩子巨大潜能的第一步。

·请一定把孩子的画装饰在家里。

2岁以上适用

25 让孩子学会单脚站立和跳跃的小妙招

这个小妙招可以让2岁的孩子学会跳跃！

你是否希望孩子能够做到的事情越多越好呢?

孩子几岁才能够学会走路呢？大多数情况下是1岁1个月～1岁6个月。那么孩子会单脚站立、会跳又是几岁呢？**一般是3～4岁到了上幼儿园的时候才第一次学会跳跃。**但是，通过一个小妙招就能把这一时期提前到2岁左右。

其实，这个小妙招是我在德岛市内的文化学院担任讲师时，在一堂婴儿讲座中偶然发现的。那天的授课对象是1岁6个月～2岁6个月的孩子，在那些孩子中我偶然遇到了一个会单脚站立还会跳的孩子。能让这么小的孩子就会单脚站立、会跳的小妙招是什么呢？这就是“大人在孩子面前跳给他看”，仅此而已，但大人的这一举动会让孩子想去模仿。

好像在孩子眼中，大人跳的样子是十分有意思的。他会想：“看起来很好玩的样子。好吧，我也学一学！”总之，大人要做的，就是在孩子面前一边大声说着“跳”一边动作夸张地跳起来，然后把这个动作重复多遍。在这个过程中，孩子会开始尝试。当然，孩子不会马上就能跳起来，还有可能由于身体过于后仰而摔倒。但是，**只要多重复几次，大多数2岁的孩子都能够学会跳跃。**利用孩子爱模仿这个特点，有可能让孩子获得超出你想象的成长哦。

在孩子面前跳一跳，引发他的好奇心

育儿小贴士

·一般情况下，孩子在开始上幼儿园前后才能学会跳。

·模仿母亲的意识能够促进孩子的成长。

2岁以上适用

26 让孩子能够清楚发音的小妙招

通过重复这个简单的练习，
就能让孩子的发音变得清楚哦！

“根本听不清孩子在说什么啊！”这样的想法你有过吗?

从最初只能发出“啊——啊——”声的婴儿，到逐渐学会词语，最后会说完整的话……孩子成长过程中各阶段的样子对母亲来说都是无可替代的宝物。下面我要介绍的，就是让孩子能够清楚发音的小妙招。

练习发音最重要的，是进行能够使舌头变得灵活的运动。可以把舌头尽量向前伸，然后上、下、左、右转动，或将舌头贴到上腭、卷舌头、贴到下牙床上……母亲可以有意识地和孩子把活动舌头作为一项消遣一起进行。

练习发音第二重要的是出气。“吹气球”“吹喇叭”“和妈妈一起向对方脸上吹气”等，类似这样能让孩子自然吐气的游戏会很有效。

另外，应在活动舌头以及练习出气的同时，让孩子记住几个作为发音基础的母音“ɑ”“i”“u”“e”“o”的口型。为此，母亲要像下图所示，发音时把嘴张大，让孩子模仿自己的样子。需要强调的是，孩子发音奇怪的时候也不要指出来，要秉持快乐的学习原则。

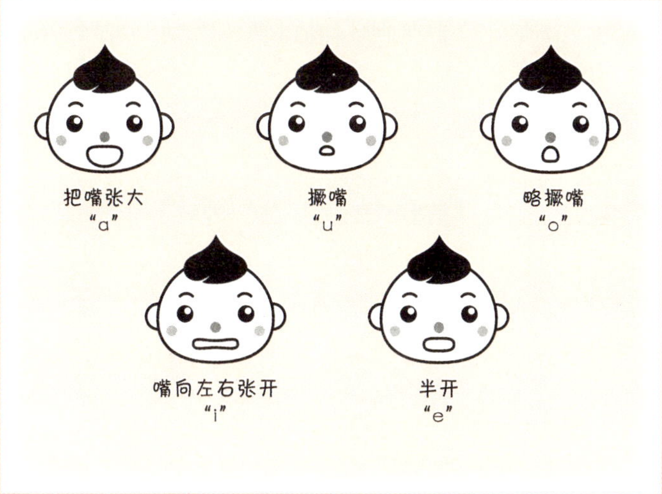

发音时声音要大，让孩子好好模仿自己

育儿小贴士

·妈妈要和孩子一起做能让舌头变灵活的运动。

·一起玩能让孩子自然吐气的游戏。

·禁止在孩子发音奇怪时说“不对”。

3岁以上适用

27 教孩子学会用筷子的小妙招

母亲只需稍下功夫，孩子就能学到标准的持筷姿势哦！

你是否希望孩子拿筷子的姿势能够非常标准呢?

孩子能够自己坐着吃东西是一件令人高兴的事，然而又会有烦恼随之而来，那就是孩子拿筷子的方法。正确使用筷子对大人来说都不算简单，所以介绍几个能让孩子学会用筷子的小妙招就很有必要了。

首先，很多母亲会在吃饭的时候让孩子练习拿筷子，这绝对应该避免。为什么这么说呢？从母亲的角度看，她们一定是希望孩子能够吃得越多、越快越好，所以在吃饭时会不自觉地督促孩子快吃、多吃。这就会造成孩子一直用最原始的姿势——攥着筷子吃饭而无法进步。因此，在这里拜托各位母亲，**练习用筷子一定要在孩子吃零食的时候进行。**推荐母亲利用孩子喜欢，但是不容易用筷子夹起来的食物来练习，例如薯片。因为如果是薯片的话，孩子就不会因为不喜欢吃而拒绝尝试用筷子来获取了。

其次，开始练习用筷子的时期也很重要。两根筷子，其中上面一根的拿法与拿铅笔是一样的，因此可以**在孩子能够正确握笔之后，再开始让他练习用筷子。**在此之前，就让他用勺子、叉子开心地吃吧。

最后，孩子还小的时候不能分别控制两根筷子的运动，因此不要让他一下就拿两根。先给他一根让他像拿铅笔的姿势一样拿好。之后，由母亲把第二根送进孩子大拇指根部与无名指的支撑部之间，并告诉孩子第二根筷子是

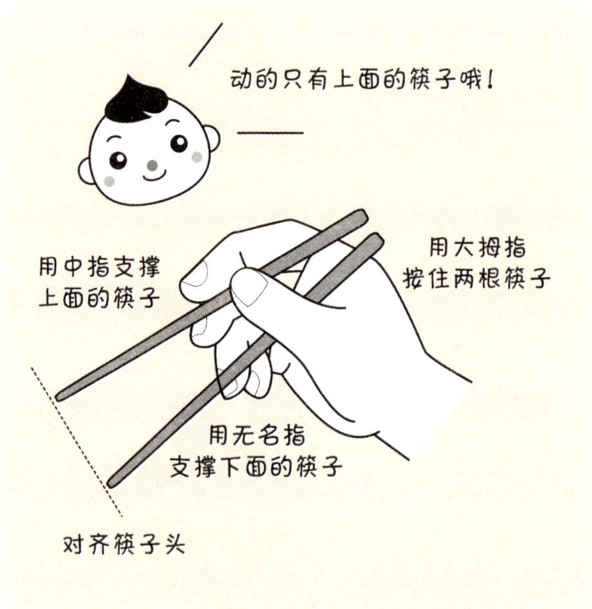

母亲要先掌握拿筷子的正确姿势

不需要动的。

在这之后，如果孩子通过零食时间的练习，能够把薯片一片一片地夹起来了，那么就可以在吃饭时让孩子练习使用筷子了。这时候可以**和孩子一起去店里挑选一双他专用的筷子**，因为对自己选的筷子，孩子使用时就不会又咬又扔，而会十分爱惜的。

育儿小贴士

- 一开始就在吃饭的时候练习使用筷子，孩子学起来会十分困难。
- 使用筷子的练习最好放在吃零食的时候进行。
- 当孩子可以正确握笔之后再开始练习用筷子。

3岁以上适用

28 教孩子学会“拧开”的小妙招

让孩子在上幼儿园之前就学会拧开塑料瓶和水龙头吧！

你是否因为孩子不会拧开塑料瓶的瓶盖而感到惊讶呢?

水管的龙头、塑料瓶的瓶盖以及糖果盒的盖子等，家中像这些需要拧才能打开的东西有很多。另外，还有很多类似易拉罐的拉环、布丁的塑料膜这样需要用特殊方法才能打开的东西。而打开这些东西对孩子来说，实际上是相当困难的事情。因此，我要介绍的就是让孩子学会“拧开”的小妙招。

首先，要教会孩子“旋”“拧”“转”这几个词的意思。在家里，母亲拧水龙头的时候可以配合上语言，告诉孩子“这个要向右转”，这样可以让孩子加深对词语的理解。

想让孩子掌握拧开的要领并加强他手指的力量，最重要的就是要让他多重复打开这个动作。比如，为了让孩子能够凭借自己的力量打开塑料瓶的盖子，母亲可以先把盖子拧开到一定程度再递给他，让他自己把盖子完全打开。这样的话，不需要强制，孩子也会主动要求自己打开瓶盖的。打开果冻、布丁等孩子喜欢的零食、甜点包装的动作，也请尽量让孩子自己去挑战一下吧。

另外，**手指的灵活度及握力也是掌握拧开这个动作的关键。**因此，增加手指灵活度的训练也是必不可少的。练习的方法就是，把手放在桌子上，手指张开，让孩子根据母亲的指令一根一根地动自己的手指。如果每根手指都能自由活动的话，那就足以说明“孩子的手指很灵活”了。还可以利用吊挂的方法锻炼孩子的握力。试试让孩子抓住父亲的胳

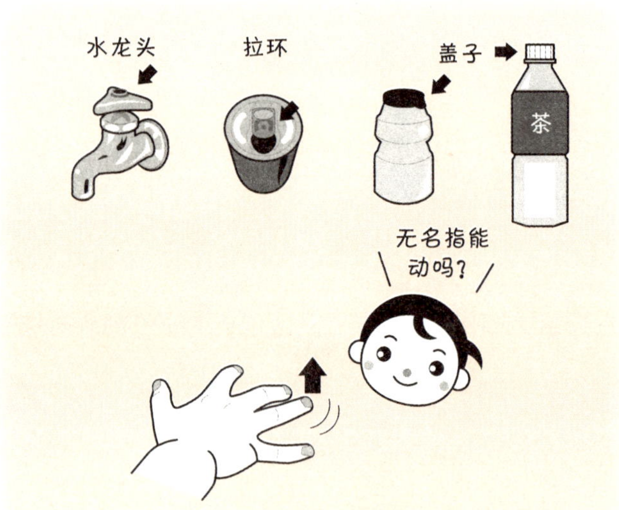

通过简单的练习，就能让孩子学会拧开这个动作哟

膊，看他能够坚持几秒不掉下来呢？用这两个方法去锻炼孩子吧。

说个题外话，持续写字也是很需要握力的。**如果孩子有了灵活的手指以及一定的握力，那么他便可以轻松应对上小学以后开始学习的正规“书写动作”了。**

育儿小贴士

·打开盖子这个动作对孩子来说是困难的。

·学会拧开这个动作需要经过多次的练习。

·手指的灵活度及握力对孩子的小学学习也很有帮助。

3岁以上适用

29 简简单单就能教会孩子“打结”的小妙招

学会“打结”对生活的方方面面都十分有帮助！

如果孩子能够自己把带子系好你是否会很高兴呢?

继上面“拿筷子”和“拧”的练习之后，这次要介绍的也是与手部动作有关的小妙招。说到打结，一般会联想到蝴蝶结，但打蝴蝶结的难度过高，因此这里我们的目标是可以系单结。

首先，这次也**从教给孩子“打结”这个词的意思入手**。在孩子面前拿两股粗些的绳子，一边慢慢地将绳子系上，一边告诉孩子“这就是‘打结’”。

其次，**要先教给孩子的是“叠”这个动作**。乍一看会觉得教孩子“叠”会有些绕远，但实际上叠手绢、叠衣服的动作是很锻炼手的。如果是手绢的话可以对折，也可以叠成四分之一大小；如果是衣服的话可以对折让两端对齐，或是把袖子整平……像这样整理布的东西，并且需要动作正确的行为，对打结来说是很合适的热身运动。

最后，便可尝试把手绢两端系起来。可以参考下面的插图，在孩子的旁边和他一起试一试：

①双手分别拿起手绢的两端；

②两边交叉形成十字（如图A）；

③单手按住十字部位；

④将一端从另一端的下面穿过（如图B）；

⑤将两端拉紧；

⑥再一次交叉形成十字；

⑦再一次从空隙中穿过（如图C）；

⑧最后将两端拉紧，结束。

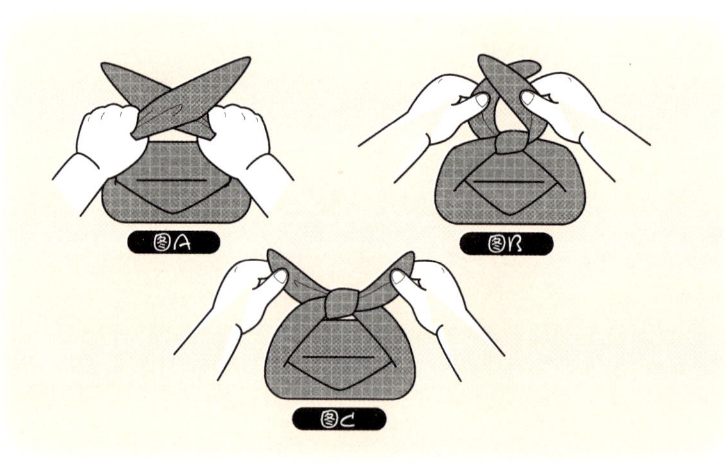

练习的时候不要和孩子面对面，要坐在他的旁边

练习的时候，尤其注意“交叉”和“穿过”这两个词要用简单易懂的方式告诉孩子。一开始孩子可能会做得不是很好，但只要多练习就一定会有进步的！

育儿小贴士

· 首先要告诉孩子“打结”这个词的意思。

· 在教孩子打结之前，先教给他折叠。

· 交叉和穿过这两个动作对打结来说很重要。

1岁以上适用

30 看着孩子的眼睛同他说话，这就是小妙招

母亲与孩子的对话是从目光的交流开始的！

“好想早点儿和孩子说话啊！”这样的想法你有过吗?

1岁到2岁这个时间段是孩子发育的重要时期，因为在这期间孩子会学会走路以及说话，并且走路和说话在孩子成长过程中都是十分重要的。但相比较学走路而言，家长们对孩子学说话就显得有些不够关心了。然而，**想让孩子尽早学会说话，家长需要像对待孩子学走路一样给予他足够的关心。**

先明确一下孩子怎样才是在说话。孩子偶然发出的“吗——”或者“啊——”等这样没有实际意义的声音并不能称作说话。只有当孩子进入下一个阶段，**能够发出有明确意思的“妈妈”“爸爸”“不、不”这样的词语时，才能称其为说话。**最近出现了很多说话迟的孩子（尤其是男孩子）。母亲可能会觉得“暂时还没有关系”，但说话是成长的一个重要阶段，要像走路一样好好练习才行。

下面列举了3个让孩子练习学说话的方式，其中哪个是正确的呢?

① 母亲张大嘴慢慢地和孩子说话。

② 母亲重复向孩子说同样的话。

③ ①和②的方法通过电视或录像进行。

正确答案当然是①和②。③绝对不行，因为这种方式有可能引起孩子说话迟及注意力低下。这是为什么呢？原因就是这种方式与孩子的交流是零。因此，想教会孩子说话，就要“看着孩子的眼睛与他说话”，而这也正是这次要介绍的小妙招。

孩子是看着母亲的眼睛，一边观察母亲的表情一边听她说出的话的。慢慢地，孩子会看着母亲的眼睛和嘴，开始想要模仿。这一连串的行动是孩子开口说话的前提，而电视是无法实现这些的。即便是画面中的播音员用标准的发音做着与母

看着孩子的眼睛，好好地和他进行交流吧

亲同样的事情也毫无意义，因为他无法与孩子进行目光的交流。因此，和孩子进行语言的交流时，**通过目光传递意愿，也就是“眼神的传达”是不可或缺的。**

下面我来具体介绍一下小妙招。练习说话的时候，看着孩子的眼睛并张大嘴，慢慢地多次重复“小××（孩子的名字）”“早上好”“来吃奶”这样简单的话语。与孩子的交流首先是眼睛的对话，其次是表情的对话，最后是语言的对话。如果从孩子呱呱坠地开始家长就注意与孩子的眼神交流，就能让孩子顺利地开口说话。

另外，这里介绍的方法只适用于学习第一语言即母语。孩子4～5岁时，开始学习英语或者其他外语的时候，就可以和成年人一样通过电视进行模仿了。但是，即使是学习第二语言，最好的方法依然是面对面的学习。

育儿小贴士

· 说话对孩子来说是成长的一个重要阶段。

· 绝对禁止利用电视让孩子学习说话。

· 对话中不可或缺的是通过眼睛传达自己的意愿，也就是“眼神的传达”。

2岁以上适用

31 让孩子尽早学会穿裤子的小妙招

为了让孩子能够自己穿上内裤、裤子，母亲要做好协助工作！

“要是孩子能自己穿内裤和裤子就好了！”这样的想法你有过吗？

绝大多数情况下，孩子直到1岁6个月还都是由父母给穿内裤和裤子的。**如果父母的方法得当，有些孩子2岁左右就能够自己穿内裤和裤子了。**这次要介绍的小妙招就是让孩子尽早学会穿裤子的方法。

首先，在孩子穿内裤或者裤子之前，先给他准备两条裤子并让他从中做出选择。做出选择意味着“执行自己的判断”，这会促进孩子独立意识的萌芽，并成为他自主行动的原动力。

其次，实际操作时母亲要做一些辅助动作。给孩子穿内裤或裤子的时候，母亲先帮孩子把两条裤腿穿好，然后将内裤或裤子提到孩子膝盖上方的位置并停下。这样的状态会让孩子感到不舒服，所以他自己会努力地把裤子拽上去。这个时候，母亲要马上从后面或侧面协助孩子，并告诉他要怎样

在孩子站立的状态下，帮他把内裤或裤子提到膝盖以上

这个状态会让孩子感到不舒服，所以他会自己把裤子往上提，这时候母亲要从旁协助

第二次母亲可以把裤子停在稍微低一些的地方，让孩子再次进行尝试

当孩子可以把裤子从脚踝处提起来的时候，就可以让他尝试自己穿裤子了

才能把裤子提上去。当孩子掌握这个动作以后，孩子就可以自己穿内裤或裤子了。这件事的重点在于，要从简单的地方入手，逐渐加大难度。

育儿小贴士

· 孩子要在2岁左右学习自己穿内裤或裤子。

· 教给孩子提裤子的动作。

2岁以上适用

32 通过手的运动开发孩子智力的小妙招

手指的灵活度与智力的发育密切相关!

你是否希望孩子的手指能够很灵活呢？

被誉为脑科学婆婆的久保田加代子曾说过“**智力的发育与手的发育是同步的**”，我对此表示赞同。事实上，对我们从事幼儿教育的人来说，“增加幼儿手指的灵活度”是一个巨大的课题。下面介绍几个我总结出的能够促进孩子智力发育的手部动作。

第一个动作是“用手吃饭”。孩子在吃东西时会用大拇指和食指去捏，因此一开始请选择一些需要捏着吃的小点心。

第二个动作是“拉钩的练习”。虽然通常拉钩只用小拇指，但作为练习请尽可能用到大拇指以外的所有手指。拉钩的要领就是要钩住，然后向后拉。

第三个动作是比画从一根食指的“1”，到两个手掌的“10”。可以从右手开始，也可以从左手开始，还可以试试从“10”回到“1”。

各种各样的练习，可以让孩子手指的灵活度得到极大的提高。**如果手指能够按照大脑发出的指令灵活地运动，那么孩子的身心便能够顺利地成长。**

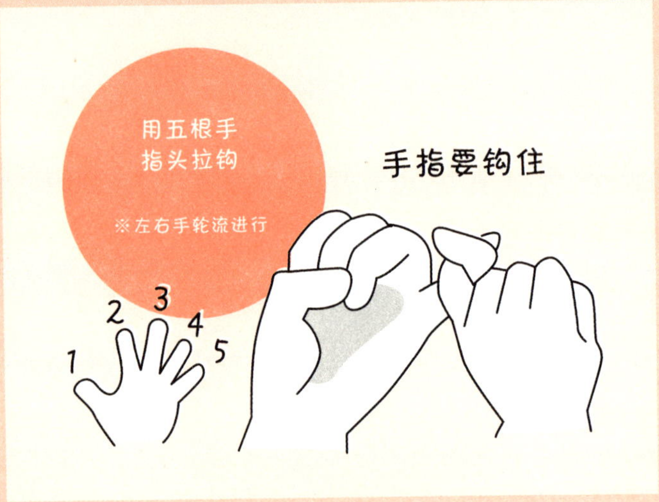

手指运动要母子一起边玩边快乐地进行

育儿小贴士

· 孩子的智力发育与手的发育是同步进行的。

· 手指能够随心所欲地运动会给孩子的成长带来良好的影响。

3岁以上适用

33 让孩子提高跑步速度的小妙招

在家里便可以做的4种让孩子提高跑步速度的练习方法！

“要是能培养出一个在运动会上十分活跃的运动员就好了！”这样的想法你有过吗？

孩子能在运动会上大显身手，是会令每个母亲都感到高兴的事情。虽然人们常说**孩子的跑步姿势基本是在幼儿园高年级到小学低年级这个阶段形成的**，但事实上，母亲在孩子幼儿期的时候就可以训练他了。对此，我介绍4个能让孩子提高跑步速度的小妙招。

首先，要让孩子掌握移动重心的要领。对此，练习单脚跳是一个十分有用的方法。先从常用腿开始，再换另一条腿，然后再分别用两只脚的脚尖跳。这样持续练习下去，当孩子能够分别用两只脚的脚尖向前跳着移动5米的时候，就可以了。

其次，要让孩子找到蹬地的感觉。强有力的蹬地是快跑的重要条件，但理解这种感觉并不是一件容易的事。因此，当孩子的脚踩在地面上的时候告诉他“蹬，蹬”，尽量让他去体会蹬地的感觉。

再次，教给孩子跑步时身体前倾的要领。前倾太多会导致孩子摔跤，因此让他跑步时看自己前面一点儿（10米~20米）的地面就可以了。另外，如果能让孩子找到跑步时腿（膝盖）不是向上抬，而是向前伸的感觉，那就最好了。

最后，要让孩子做摆臂的练习。让孩子的肘部弯90度，注意不要施加多余的力量。另外，摆臂时不要向前，要像母亲推孩子坐的秋千一样向下用力，这样产生的离心力可使跑步的速度加快。

教给孩子跑步的正确姿势

这4项练习便可以加快跑步的速度。虽然结果并不一定能让孩子在运动会上拿到第一名，但**这些练习能够提高孩子的体能**，所以请把它们加入到孩子的游戏中去。

育儿小贴士

· 想跑得快要掌握4个要领。

· 想让孩子掌握这些要领，重要的是让他在游戏中进行练习。

· 这4项练习能够加强孩子的体能。

第3章

育儿最重要的是开心
——让宝宝更喜欢妈妈的小妙招

2岁以上适用

34 让孩子有“干劲”的小妙招

想提高幼儿期孩子的“干劲”，建议你给孩子打打分！

你是否希望孩子在做事时能够持之以恒呢?

专心致志地画画，挑战扔球之类的运动，孩子的这些行为会令家长十分欣喜。这个时候，母亲常会因为不愿意错失提高孩子兴趣的机会，而对孩子说“再做一会儿吧”或者“再做一遍吧”等这样的话。然而，我行我素的孩子对此却不以为然，一旦厌烦了这件事，马上就会转去做其他的事情。这种情况下，如果想让孩子能够维持对一件事的兴趣，并保持积极性一直努力下去，给孩子“打分”是最合适的方法。做法很简单，**当孩子做了某件事之后，大声地告诉他“70分”，这样就能提高他的“干劲”。**

例如，在玩投接球游戏时，接到孩子扔过来的球之后，母亲要大声地说“×分”。分数是50也好，60也罢，都没有关系，但一开始的时候给的分数最好不要太高。孩子每次把球扔过来后，再像“60分”“比上次快了所以70分”“比刚才控制得好所以80分”这样一点点提高分数，孩子的干劲也会在无形中得到提高。同时，失败的时候要对他说“这次失败了，0分”。即便是0分也能让孩子感觉到“虽然不是很明白为什么，但妈妈对我的行为做出了反应”，而这能使孩子的干劲得到更进一步的提高。

当然，对只能数到“10”的孩子来说，用“3分”“4分”这种形式打分也是可以的。孩子小的时候对“百分制”还没有概念，所以10以内的评分才能够提升孩子的干劲。而且，幼儿期的孩子对数字是很感兴趣的。但是，**对于对分数**

采用“打分”的方法，能大幅提高孩子的“干劲”

更加敏感的小学生来说，“打分”的方法则需要有所控制，

因为如果用得不好反而会适得其反。

育儿小贴士

·提高孩子干劲的最好方法是“打分”。

·对孩子的行为作出明确的反应。

·幼儿时期的孩子是很喜欢数字的。

0岁以上适用

35 通过对着镜子亲吻孩子，让他感受爱的小妙招

自己亲眼见证爱的表达，能让孩子获得更大的喜悦！

向孩子表达爱的最好方法，你是否要试一试呢？

向孩子表达爱，无疑是育儿的基础。人们经常说“没有被爱过的孩子，长大后也不会去爱别人”，我也是这么认为的。对孩子来说，最重要的事情恐怕就是“被爱”了。这次要介绍的就是简单并且效果显著的向孩子表达爱的小妙招。

母亲在育儿过程中会通过拥抱孩子、抚摸孩子的头、告诉孩子妈妈喜欢他等方式来表达对孩子的爱。当然，每种方法都很棒，但实际上还有更为简单，同时也能让孩子更为强烈地感受到爱的方法，即“对着镜子亲吻孩子”。

为什么“对着镜子亲吻孩子”效果更好呢？那是因为孩子能够看到自己喜欢的母亲亲自己脸颊的样子。孩子从小就能认识到亲吻是爱的表现，所以只是脸颊被亲也会很高兴。

但孩子通过脸的感觉（触觉）所体会到的喜悦其实只有一点点，因此利用镜子让孩子看到母亲亲吻自己的样子，会让他感到更加开心。

在人类的5种感觉中，最有说服力的要属“视觉”了。**善用“视觉”，能使母亲更直接地向孩子表达自己的爱。**如果孩子小时候见到过自己喜欢的母亲亲自己的样子，那么这个经历对他来说会成为一笔巨大的财富。所以，各位母亲请明确地向孩子表达自己的爱，把他培养成一个会爱的人吧。

让孩子看到母亲对他表达爱，能让他感到更加开心

育儿小贴士

· 育儿的基础就是向孩子表达爱。

· 向孩子表达爱最好的方式就是“对着镜子亲吻孩子”。

· 善用孩子的视觉是关键。

2岁以上适用

36 活用英语使孩子更听话的小妙招

把英语运用到育儿中去，能让母亲更直接地向孩子表达自己的意愿！

你是否希望孩子能再听话一些呢?

我们虽然生活在母语不是英语的国家，但把英语融入到日常生活中去对育儿也是很有意义的。然而，这并不意味着要让孩子“在家中也学习英语”。由于**在日常使用的英语单词中，有很多对孩子来说理解起来比母语还要容易**，并且孩子上小学后就要开始英语的学习，所以在育儿中运用英语单词是很有帮助的。

首先要介绍的单词是“rule”，意思就是“决定”“规则”。在中文里，“规则”等词对小孩子来说还有些难以理解，但英语就相对简单了。因此，教给孩子在公共场合要遵守的规则或是让他打扫房间等事情时，请用“rule”这个词。

其次，要多用“yes”和“no”。可以做的事情用“yes”，不能做的事情用“no”。尤其说“no”是很有效果的。把“停下”“不行”用“no”替代，并大声地说出来，孩子应该就会马上停下的。

再次，在开始和结束时用“start”和“stop”。这两个词孩子理解起来毫不费劲。想让孩子开始做什么时说“准备，start”，结束时说“好，stop”。孩子只要能记住这些，行动就会变得麻利起来。

又次，在表扬时用“good”。“good”就是“好能干

把英语巧妙地运用到每日育儿中去吧

啊”“做得真棒”，但是有些母亲并不善于表扬，所以话语中一些微妙的感觉并不能很好地传递给孩子。这个时候可以用“good”“very good”“perfect”等有程度差异的英语来表扬孩子。

最后，再介绍一个能让孩子行动起来的词“Let's”。这是一个只有英文才有的好词语。不管和孩子一起做什么，尽量用上“Let's go”“Let's play”等这样以“Let's”开头的词语。孩子对这些话的意思应该还不理解，但不可思议的是只要用“Let's”来召唤他，他就会兴致勃勃地和你一起做。而且，作为学习英语对话的第一步，这也是很有效的。

育儿小贴士

· 把简单易懂的英语融入日常育儿。

· 相比较母语而言，孩子有时候更容易理解英语。

· “rule”等简单的英语比母语更容易被孩子接受。

2岁以上适用

37 必能逗笑孩子的小妙招

逗孩子笑的方法有很多，而这种方法一定能把孩子逗笑。请在家里试一试吧！

你知道什么方法一定能把孩子逗笑吗？

在与孩子的交流中，大人经常会用做鬼脸、发怪声等方法逗孩子笑。但是，有时由于做的方法不对，孩子根本不会笑，有的时候甚至会产生相反的效果。然而，只要利用这次介绍的非常简单的小妙招，就能令绝大多数的孩子“咯咯”笑声出来。对此抱有疑问不要紧，请去试一试吧。

大人先在孩子前面坐好。孩子可以站着，也可以坐着。两人面对面后，大人先在自己的头上放个东西，例如车钥匙、钱包、纸团……只要是身边有的，随便什么都可以。之后，大人一边向孩子打招呼说“早上好”，一边低下头。

当然，大人头上的东西会掉下来。这时你要马上说“啊，掉啦”。只要这样做，孩子就一定会笑的。另外，说“啊，掉啦”的时候，最好能够做出吃惊的表情。如果大人能表现出“东西掉了，吓我一跳”的样子，孩子的反应则会更好。

实际上，这是本书收录的50个小妙招中我最推荐的一个。

我也不是很明白孩子为什么会对此发笑，可能是由于孩子很少有机会仔细地看东西掉落的样子，因此会感觉下落的过程很不可思议，才会笑的吧。**这个小妙招的要点在于持续，像“啊，掉啦”“又掉啦”“怎么老掉啊”这样多重复几次。**因为孩子很喜欢重复，所以会一直笑的。

育儿小贴士

· 几乎能把所有孩子逗笑的小妙招是存在的，值得每一位家长珍藏。

· 逗孩子笑是与孩子交流的一种良好方式。

· 孩子很喜欢重复的动作。

3岁以上适用

38 批评孩子时要让他正坐

批评孩子也是有技巧的！

你是否因为不知道怎样批评孩子而发愁呢？

“快点儿”“不许那样”“停下”等，母亲好像每天都在批评孩子，对他发脾气。母亲对此自然也会做出反省，但有时也是出于为孩子考虑，“希望他能变成这样”或者“如果可能的话希望他成为这样的孩子”，所以**一定的批评也是不可避免的**。因此，这次要介绍的就是母亲如何把意图准确地传达给孩子的小妙招。

首先，在批评孩子时，大人要压低声音，放慢语速。无论是大人还是孩子，遇到说话人声音降低且速度放慢的情况，都会有不自觉地去仔细听的倾向。因此，在批评时，母亲要特意降低最想说的话的音调，同时缓慢地对孩子说“小××（孩子的名字），这件事绝对不许做”。

其次，与站着的孩子说话时，母亲要蹲在孩子面前，让自己与孩子的视线高度相同，并握住孩子的手。用这样的姿势与孩子面对面，孩子会感到与平时气氛不一样，会想“是发生什么事了吗”。并且，握住孩子的手能让他乖乖地听你说话。使用这种批评方式的时候，母亲要语速缓慢但语气坚定地告诉孩子“这个（具体的事情）绝对不可以做”。

最后这个方法对上小学以后的孩子十分有效。母亲先对孩子说“在这里正坐坐好”，并保证他坐得端端正正。孩子在被要求正坐的时候就会做好精神准备。母亲这时候要理

真正批评孩子的时候，要采用与平时不一样的方法

智，把道理对孩子讲清楚，告诉他“这样的事情（讲具体）不允许发生第二次”。但是，**请不要让孩子习惯被批评，真正的批评“2～3个月一次是最好的”**。

育儿小贴士

·对孩子进行一定的批评是无法避免的。

·降低声调，放慢语速，这样便能把话说进孩子的心里。

·真正要批评孩子的时候，先让孩子正坐。

3岁以上适用

39 如何说，孩子才能听话的小妙招

不要感情用事，用容易理解的语言教育孩子吧！

“要批评多少次才能懂啊！”你是否有因孩子不听话而变得不理性的时候呢？

“几乎每天都在批评孩子，但他根本不听，怎么办？”有这样想法的母亲应该不是少数。这也难怪，**孩子是否能听进去你说的话，与批评的次数无关，而在于批评的方式。**这里就介绍一下如何批评，孩子才会听进去的方法。

请回想一下平时你是否以下面这些方式批评过孩子呢？

①“电视要看到什么时候（when）！”

②“干什么（what）呢！”

③“谁（who）在闹呢！”

④“扔到哪儿（where）了！”

⑤“为什么（why）那么做！”

这里列举的5种批评方法从英语语法的角度讲是由“5W”组成的，并不包含具体的事物。从批评者的角度看，这种批评方法简单地表达了自己的情感，但孩子只能感受到

“惹妈妈生气了……”，至于妈妈为什么生气便不能理解。因此，**为了让孩子能够正确地理解母亲的意思，就要尽可能地使用具体的有指示性的语言。**

例如，把上面的①~⑤用具体的内容替换一下，就成了①“再过10分钟就关电视了哦！”②“不许摸微波炉的开关！”③“小××，小声点儿！”④“要把垃圾扔到垃圾箱！”⑤“不许打妹妹！”一句话一旦变长就不容易让人有过于严厉的感觉，同时批评者也不容易感情用事，孩子也能

用正确的方式告诉孩子“什么事情为什么不能做”

够冷静地考虑“为什么被批评了”“应该怎样做”。对率真的孩子，就要用直白的语言来引起他的注意，培养他成为能够冷静地听人说话的孩子。因为**批评时如果感情用事，孩子是很难理解你的意图的。**

育儿小贴士

· 让孩子听话，重要的不是批评的次数，而是批评的方法。

· 批评孩子的时候，要用具体的指示性词语。

· 批评时如果感情用事，孩子将很难理解你的意图。

3岁以上适用

40 应对孩子闹着“买这个，买这个”的小妙招

孩子对物质的欲望是冲动的，因此母亲必须冷静地应对！

你是否有过因为孩子吵着“买这个，买这个”而感到厌烦的时候呢？

“买这个，买这个……”到超市和玩具店去的时候，孩子肯定会说这句话。如果母亲说了“不买”孩子就能放弃还好，可有的孩子经常会哭，或躺到地上，或拿着商品不撒手，让母亲很苦恼。这次要介绍的就是这个时候能用到的小妙招。

首先，孩子说“买这个，买这个”的时候，妈妈要回答“好，好”。这并不是同意买给他的意思，而是表示“孩子的想法或意见妈妈明白了”。由于孩子对物质的欲望是冲动的，所以大多数情况下他并不会太执着。但是，**如果孩子说想要时马上回答“不行”，孩子就会利用物质欲望的满足来抵消被否定的不快**，所以便会开始撒娇耍赖了。因此，不要忘记先安抚孩子回答“好，好”。

其次，在安抚完孩子之后，便要看着孩子的眼睛，用略带不安的口吻问他“这个可以吗”。孩子会突然清醒过来，自己思考“这个真的可以吗”。

如果这样问孩子，他依然“想买”，而母亲也同意的话就买给他吧。**尊重孩子认真思考以后作出的判断是十分重要的。**但是，母亲不想买的时候，可试着问孩子“×××不要了吗？”这句话的重点在于×××必须是孩子最喜欢的东西。母亲可以试着把自己认为可以买给孩子的东西一个一个

巧妙地转移孩子因冲动而产生的物质欲望

说出来，例如蛋糕、布丁之类的食物。这样会令孩子想起：“对了，我还有更想要的东西呢！”从而减少孩子因冲动而想要购买物品的欲望。

育儿小贴士

· 孩子说“买这个，买这个”的时候要回答“好，好”。

· 马上拒绝会让孩子加倍撒娇耍赖。

· 让孩子想起他真正想要的东西很重要。

2岁以上适用

41 应对孩子大叫“不要不要”的小妙招

利用这个小妙招能让吵着“不要不要”的孩子也乖乖听话！

你是否有过因为孩子一直吵着“不要”而感到烦躁的经历呢？

“不穿这件衣服！”“要穿面包超人的那条内裤！”“不要穿鞋！”“不要吃饭！”**孩子两三岁时会进入一个对任何事物都否定的时期。**对母亲来说，能够与孩子对话虽然是件很开心的事，但孩子每次都吵着“不要不要”，则会让母亲感到很苦恼。

叛逆期的行为，是孩子从一个自己什么都做不了的小婴儿，成长到学会了说话，能够表达自己意见之后才开始的。从发育的角度和心理学的角度来讲，这是必要的过程。但是，母亲会因为孩子“之前明明都很乖”而感到闷闷不乐，会因为“是孩子讨厌我了吗”而感到不安，并失去育儿的自信心。为了应对孩子叛逆期，下面我介绍几个小妙招。

如果孩子“不要”的内容可以接受，那就按照孩子说的去做。如果孩子“不要”的内容是关于衣服或者食物的，就准备好替代物，并向孩子提出建议："那么这个可以吗？"认可孩子的意见与想法是很重要的事情。如果孩子提出的要求母亲无法接受的话，这个时候要先向孩子合理地解释清楚"为什么不行"，然后再拒绝他。不能只是单纯地说"不可以"，因为如果孩子不明白被拒绝的原因，那么母子关系就有可能会恶化。

有一个小妙招可令大叫"不要"的孩子乖乖听话。当孩子吵着"不要不要"的时候，母亲轻轻地在他耳边说："妈

不要使用"我们家的规矩"等这样抽象的语言

妈希望小××吃掉这些鱼呢。”你可能会想：“什么，就这样？”其实，孩子之所以会变得听话，是因为在孩子耳边轻声耳语，能令他集中注意力去听，他自然慢慢地也就会变乖了。

还有一个小妙招是顺着孩子说。孩子如果说“不想吃”，那就马上回答他“那就不吃”。这样的话孩子会条件反射地说“还是吃吧”。但是，这个方法如果使用过多，孩子就会习惯，所以请作为杀手锏使用。

育儿小贴士

・孩子学会说话，能够表达自己意愿的时候，叛逆期便开始了。

・叛逆期从发育及心理学的角度来讲都是必要的。

・活用合理解释、耳语以及顺着孩子说这3种方法。

3岁以上适用

42 妈妈要"打"孩子时一定会用到的小妙招

母亲把想法直接传达给孩子比任何事情都重要！

在家生孩子的气时，你是否有过什么都不说就打的情况呢？

母亲批评孩子的时候是否需要“打”，对此有人持赞同意见，也有人持否定意见。但是，不怕被人误解，我认为对于1～3岁的孩子，与其用语言说明，“打”更能让孩子理解什么事情是不可以做的。例如，孩子要摸炉子或拽小朋友头发的时候，母亲可以轻轻地打一下他的手。手被打疼了，孩子自然就会停下来。所以，**如果孩子太小，不能理解母亲说的话，那么让他用身体记住什么事情是不能做的不失为一种好方法。**

可是3岁之后要怎么办呢？这个年龄段的孩子即使明白什么事情是不可以做的，也会有因为任性而管不住自己的时候。当孩子的任性已经让母亲忍无可忍的时候，母亲可以打他的手或者屁股（头部是相当重要的部位，绝对不可以打）。而且，打的同时希望母亲能够告诉孩子“妈妈已经到极限了，要打你了”。

之所以要这样做，是因为什么都没说就打孩子，会让他感到十分不安。突然被打，孩子会吓一跳，并且感到惊慌失措和恐惧。如果类似的经历不断重复，那么对于被打这件事，孩子唯一会增长的只有反抗的心态。然而，**如果提前说要打他了，孩子便会思考“为什么妈妈会那么生气呢”，也会反省自己的行为。**这样一来，母亲打孩子的目的便达到了。

批评孩子是母亲表达意愿的一种方法，“希望他能明白

什么也不说就打的话，会加强孩子内心的反抗意识

什么事情是重要的”“希望他能成为好孩子”。而要实现这些愿望，必须让孩子想明白自己“为什么会被打”。因此，如果想让孩子成为“能够自己思考的孩子”，那么就不能什么都不说就打他。不得不打的时候一定要先宣布“不行了，妈妈要打你”，同时带着对孩子的爱，打他的手或者屁股。这一点绝对不能忘。

育儿小贴士

・让孩子用身体记住什么事情是不可以做的也不失为一种方法。

・当遇到无论如何都要打的情况时，一定要先宣布“妈妈要打你了”。

・绝对不可以打孩子的头！

0～2岁适用

43

让婴儿停止哭泣的小妙招

我从30年的经验中总结出了让孩子停止哭泣的小妙招，现在就让我把它们介绍给你吧！

你是否有过因小婴儿哭个不停而苦恼不堪的时候呢？

只要是有过育儿经历的母亲，不管是谁都会承认让婴儿停止啼哭是件很困难的事情。“是奶喂少了吗”“是尿布脏了吗”“是哪里疼吗”等，母亲会考虑很多方面，为的就是让婴儿停止哭泣，可事情总是不尽如人意。这种束手无策的情况往往会让母亲都想大哭一场了。

其实，**让婴儿停止哭泣最重要的也是最基本的，就是让他感到安心。**因此，不要忘记最好的方法就是母亲温柔地抱抱孩子，摇一摇。

除此以外，我还从30年的幼儿教育经验中总结出一些其他让婴儿停止哭泣的方法。只是下面这些方法与前面的“母亲的抱抱”有所不同，并非对每个婴儿都适用。也有“试过但孩子还是哭”的情况，所以只是作为参考。

我总结出的方法主要有6种：

①让孩子听把超市的购物袋（塑料袋）团成团再展开时发出的哗啦哗啦的声音；

②让孩子听电视的空频道发出的沙沙声；

③让孩子听吸尘器发出的嗡嗡声；

④让孩子听节拍器发出的咔嚓、咔嚓这类有节奏的声音；

⑤把手放在哭泣的婴儿的嘴上，再拿开，让他的哭声产生变化；

⑥暖一暖或者捏一捏他的脚。

虽然对待不同的婴儿，让他停止哭泣的方法会有所不

试着用婴儿喜欢的声音让他停止哭泣

同，但大部分的婴儿“让他听些什么声音，他就会不哭了”。在家里，母亲可以好好观察婴儿哭时的样子，找到让他停止哭泣的最佳方法。

育儿小贴士

· 让婴儿停止哭泣最基本的方法就是母亲的拥抱。

· 对待不同的孩子让他停止哭泣的方法也会有所不同。

· 努力找到适合自己孩子的方法吧！

3岁以上适用

44 活用“第一”使孩子充满干劲

常见的词语有时在育儿中会起到意想不到的作用！

虽然一直催孩子“快点儿，快点儿”，但他依然磨磨蹭蹭。你是否曾为此感到急躁呢?

这次要介绍的是利用“第一”这个词，让孩子干事不再磨蹭的小妙招。**孩子到了3～4岁会变得对“第一”这个词十分敏感。**当然，这是有原因的。到了这个年龄，孩子对从2～3岁就开始感兴趣的数字已经有了一定程度的了解，明白了“1是最靠前的数字”。同时随着成长，孩子的手也变得更加灵活，可以简单地竖起一根食指做出“1”的手势。这两个原因使3～4岁的孩子在不经意间便喜欢上了“第一”。

例如，我认识的一位母亲在训练她3岁的孩子上厕所的时候，采用了这个“第一”的方法。这位母亲想训练孩子上厕所，但孩子怎么也不去卫生间的时候，她如果说“那妈妈‘第一’个去卫生间了哦”，那么之前还在磨磨蹭蹭的孩子就会说“我‘第一’个去”，然后慌慌张张地跑过去。这样

“第一”就成为孩子行动的动力了。在这个方法与其他方法的共同作用下，这个孩子4岁的时候就完成了上厕所的训练，可以一个人去卫生间了。

除此之外，“第一”还能运用在其他很多情况下。孩子不肯好好吃饭的时候，如果对他说“妈妈‘第一’个吃完”，孩子就会很努力地开始吃；不肯老老实实睡觉的时候，说“妈妈‘第一’个睡啦”，孩子就会马上钻进被窝。

灵活运用“第一”，提高孩子的行动力

对孩子，如果总催他“快点儿，快点儿”，他反而会变得更不愿意动。因此，想让他马上做某些事情的时候，试试这个不说“快点儿，快点儿”的方法吧！

育儿小贴士

· 3～4岁的孩子对“第一”这个词很敏感。

· “第一”这个方法可以运用在育儿中的很多场合。

· 越是催孩子“快点儿，快点儿”，他越是不愿意动。

1～4岁适用

45 活用孩子最喜欢的娃娃和布玩偶

孩子喜欢的娃娃和布玩偶能成为母亲育儿中得力的助手！

你想在育儿中更有效地利用孩子喜欢的娃娃和布玩偶吗？

在一般的家庭中，随着孩子逐渐长大，家里娃娃和布玩偶的数量也会渐渐增多。这些玩偶中应该会有一个孩子特别喜欢、特别珍惜的。因此，巧妙地利用孩子喜欢的娃娃和布玩偶进行育儿，可能会达到意想不到的效果。

这个小妙招很简单。例如，吃饭的时候让孩子和他喜欢的娃娃一起坐在桌子旁。有孩子不喜欢的菜时，先对娃娃说“小××（娃娃的名字），来，吃一个这个试试”，然后把菜送到娃娃嘴边，做出娃娃吃了的样子，接着说“好吃吧”，再对孩子说“小××（孩子的名字）也和小××（娃娃的名字）一样会吃的对吧，很好吃哦”，这样孩子就会因为不想输给自己喜欢的娃娃而把食物吃掉。另外，想让孩子看电视时坐远一点儿的时候，母亲可以把娃娃或是布玩偶放在想让孩子坐的地方然后对孩子说“和娃娃一起在这儿看吧”，他就会乖乖听话坐过去的。

事实上，**这个方法是推荐给只有一个孩子的母亲的。**如果家中有哥哥姐姐，年龄小的孩子在成长中会模仿年长的孩子。但是，第一个孩子没有模仿对象，因此家中只有一个孩子的家庭可以利用孩子爱模仿的特性，用娃娃或者布玩偶代替哥哥或者姐姐，让孩子在模仿中成长。

孩子认为娃娃、布玩偶这类虽不会动但有脸的东西是有生命的。这个小妙招就是基于这一点，所以请小心地使用吧。

巧妙地发挥孩子的模仿能力吧

育儿小贴士

·育儿中可以活用孩子喜欢的娃娃和布玩偶。

·把娃娃或布玩偶当作孩子的兄弟姐妹对待。

·这个方法适用于家中只有一个孩子的情况。

3岁以上适用

46 利用动漫人物让孩子克服不擅长的事物

动漫人物有时在育儿中能起到意想不到的作用！

你想在育儿中更有效地利用孩子喜欢的动漫人物吗?

从“面包超人”“火车头托马斯”到迪士尼和各种战队，小孩子对自己身边的动漫人物是十分喜欢的。这次，我结合实践经验来介绍如何利用动漫人物，帮孩子克服他不擅长的事情，提高他的积极性。

以前，我的班里有一个3岁的小女孩，她特别不喜欢洗澡（尤其是洗头），为此她的母亲十分苦恼。我也问过她：“为什么不喜欢洗头呢？”她很明确地回答我：“因为不喜欢头被摸，洗发液或者水流到眼睛里也会疼，还不喜欢头发被拽！”仅仅3岁的孩子竟然能如此清楚地讲出她不喜欢的理由，我觉得她很了不起，因此这件事我一直记得很清楚。

于是，我便和她的母亲商量，在家里使用的装洗发液的容器上，贴上她最喜欢的动漫人物。结果怎样呢？明明之前那么不喜欢洗头的孩子，现在竟然说：“用这个洗发液的话没关系！”并且会自己主动洗头了。动漫人物的力量真的是太巨大了！

但是，有些家庭的教育方针是“不想在孩子太小的时候让他使用过多与动漫人物有关的物品”。这种想法值得尊重，但在有些时候或者有些情况下，**动漫人物能够为育儿带来很大的帮助**，因此建议家长灵活地使用此种方法。

另外，这个小妙招还可以巧妙地变化一下，即家长制作

由母亲扮演英雄也是很有效果的

一个英雄的面具，由母亲或者父亲戴上。因为英雄提出的要求，孩子一定会乖乖听话的。

育儿小贴士

·不能无视动漫人物在育儿中的作用。

·动漫人物对帮助孩子克服不擅长的事情，提高孩子的积极性有很大帮助。

·动漫人物有时能协助你育儿。

3岁以上适用

47 让孩子停下却被无视时会用到的小妙招

只要稍微在语言上下些功夫，孩子就会开开心心地按照要求去做！

你是否因为孩子怎么也不肯停止玩耍或看电视而和他吵过架呢？

在每天的生活中，孩子通常都会看电视，玩玩具。想让他从“独自一人”的状态中转移到吃饭、出门这类“和别人一起”的行动时，母亲经常会对孩子说“好了，停下吧”，但大多数的时候孩子会以“不要”“还没结束”或是“再等一会儿”这样的话拒绝。对此，母亲会用更强硬的语气说“适可而止啊”“结束了”，而孩子也会变得逆反，以“不要”“还不够”来回答。最坏的情况会使母子的心情都变得很糟糕。这次要介绍的就是能够将这种情况防患于未然，改善母子关系的小妙招。

先从告诉孩子具体“停止做什么”开始。让他停止堆积木的时候说“不能再玩积木了哦”，想让他停止看电视的时候说“关了电视吧”。**如果母亲给出具体的指示，孩子会出乎意料地听话。**

但是，这样做也有无法让孩子停下来的时候。这个时候，母亲可以对他说“那最后一分钟哦”或者“再玩一分钟就不玩了哦”。这样说，虽然只是短短的一分钟，但能够满足孩子“想再多玩一会儿”的欲望，并且让孩子获得“自己的感受得到了理解”的满足感。而且，让孩子有这种满足感是很重要的。

由此，孩子的心中就会产生“刚才得到了理解，下次就要听妈妈的话了”这样的意识，并做好按母亲要求去做的准

提出具体的指示，孩子便会乖乖听话

备。约好的一分钟结束后，母亲要对孩子说：“好了，一分钟了，该结束了。”这样的话，孩子就会乖乖按母亲说的去做。

育儿小贴士

- 告诉孩子具体“停止做什么事”是很重要的。
- 关键是要让孩子的欲望得到适当满足。
- 不管不顾地单纯下命令，会让母子关系恶化。

2岁以上适用

48 让孩子看镜头的小妙招

让孩子在拍摄的那一瞬间看镜头的小妙招，能为家人留下美好的回忆！

你是否希望能把孩子的照片拍得很棒呢？

过生日，圣诞节……有很多时候我们希望能把孩子可爱的样子用相机记录下来。但是，一旦拿起相机，孩子便会这边看看，那边瞧瞧，结果经常是“虽然拍了好多，但是没有一张好的……”这里要介绍的就是拍摄照片时，专业摄影师也会用到的让孩子看镜头的小妙招。

先准备好一个娃娃或者玩具之类能够吸引孩子视线的物品，然后把照相机调整到随时可以拍照的状态。右手持照相机接近孩子，接着左手突然拿出之前藏着的娃娃、玩具之类的物品来吸引孩子的目光。这样，孩子的视线一定会转移到你手中的物品上。之后，把左手慢慢移向照相机，看准时机按下快门。这样做的话，由于孩子的视线会一直保持在你左手中的物品上，所以照片中的孩子自然也就是看镜头的了。

如果孩子的视线有个目标，那拍
摄他看镜头的照片就很容易了

即使孩子知道照相机是用来拍照的工具，他也不知道“要想拍出好照片必须看照相机的镜头”。虽然母亲会为了让孩子看镜头一直说着“看这边，看这边”，但对于孩子来说他并不明白“我该做什么才好”。因此，在照相的时候需要给孩子的视线找一个目标。

孩子小时候的照片，对家里人来说无疑是重要的回忆。为了数年后翻看老照片时能够有个美好的回忆，运用这个小妙招多拍一些孩子“睁大眼睛看镜头”的照片吧。

育儿小贴士

· 用娃娃或玩具来吸引孩子的目光。

· 拍摄照片的时候给孩子的视线找一个目标。

· 孩子小时候的照片对家人来说是最美好的回忆。

1岁以上适用

49 让孩子远离家庭中的危险的小妙招

家中隐藏着很多危险，用这个小妙招防患于未然吧！

你家里是否有孩子碰到会很危险的开关呢?

煤气灶的旋钮、电子产品的开关等，我们家中有很多不能让孩子碰到的开关。电话、音频类等比较轻的物品可以放在孩子够不到的地方，可煤气灶等已经配置好，无法移动了。再加上**孩子出于好奇喜欢用母亲用的东西，会学着母亲的样子转动煤气灶的旋钮**，有时还会把火点着……这些事都是十分危险的。因此，这次要介绍的就是能够消除这种不安全因素的小妙招。

煤气灶这种类型的开关可以用“L形书架”来保护。虽然母亲在使用的时候需要把书架移开，但这与孩子的安全和父母的安心相比微不足道。市场上有很多高低宽窄不同的书架，可以根据家中的煤气灶来选择合适的。

另外，DVD机等家用电器，简单用布盖一下就会有效果。你可能会担心“布的罩子能够起到保护的作用吗？”其实与不让孩子够到一样，不让他看到也是很有用的。**小孩子会认为看不到的就是“没有了”**，这点是否有些令你出乎意料呢？所以，用旧手绢或者毛巾把电器的前面挡住并用胶带贴好就行了。

从煤气灶到台阶、浴盆等，**家里危险的场所比母亲想象的要多得多**。因此，为了防止孩子遇到意想不到的麻烦，一旦怀疑“是不是危险呢”，就请马上给予处理。

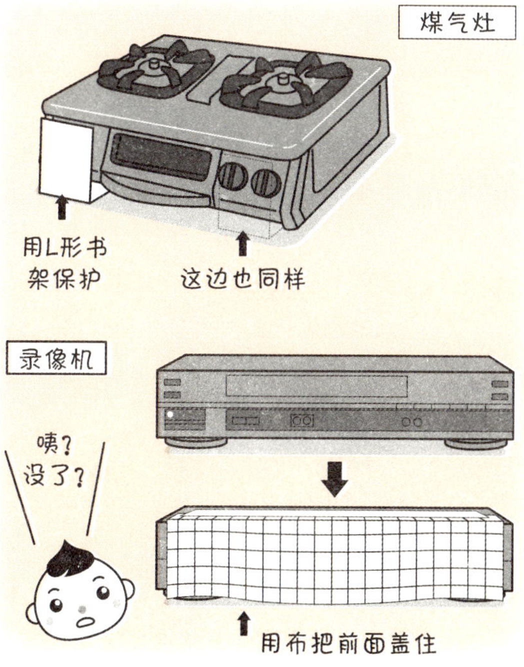

孩子会认为看不见的东西就是“没了”

育儿小贴士

·家中有很多孩子碰到会很危险的开关。

·书架或者布可以起到保护作用。

·要了解家中的安全隐患是很多的。

2岁以上适用

50 阻止手足吵架的小妙招

给大家介绍一个能很好地阻止手足吵架的小妙招！

你是否因家中的孩子们常吵架而感到厌烦呢？

孩子上小学之前，手足间的争吵会很频繁。一般情况下，孩子会在不知什么时候就开始吵架，然后当你意识到时两人已重归于好。但偶尔也会有互不相让，争吵不断的时候。尤其令母亲苦恼的，就是这个时候很难判断究竟“是谁不对”。所以，这次就告诉你一个能很好地解决手足间吵架的小妙招。

母亲要先问双方“为什么会吵架”。这样做，孩子的情绪会因为“妈妈肯听我说话”而稳定下来。接着，从两人的说法中确认是否有人在说谎或者夸大事实。如果很明显是其中一方的过错的话，要在两人面前用简单易懂的方式告诉他们什么是错的，并引起他们注意。但是，大多数情况下手足间的吵架并没有谁对谁错。这个时候要做的就不是判断对错，而是**告诉他们**

“吵架本身是不对的”，换句话说“吵架双方都要受到惩罚”。

然而，惩罚双方就会让事情变成两个人都有错，这时小妙招就要登场了。首先，母亲要坐到两人面前，说：“如果能把妈妈挪动，那就原谅你们做的坏事。好了，来吧！”这样的话必然会开始二对一的推拉战。当两个孩子热衷于这个推拉战，把吵架的事情忘到脑后时，母亲可以故意向后动一动，说：“好啦，妈妈输啦！两个人都是好孩子啦。两个好

做需要两人配合的游戏，能让孩子们自然地忘掉吵架的事情

孩子一起玩吧！”这样做，手足间的吵架就会自然而然地结束了。

育儿小贴士

· 听取双方吵架的理由。

· 告诉孩子“吵架本身就是不对的”。

· 用玩的方式让孩子忘掉吵架的事情。

结 语

育儿中的妈妈们，这本书对你们有用吗

这本书是否有些部分能让你感到“原来如此”“是这样啊”？还是说，你觉得“这些早就知道了”这样的内容要多些呢？如果是后者的话，那我表示歉意，让你白读了。但只要书中有一个新发现，并且在你的育儿中起到了作用，那便是我的荣幸。

知道与不知道之间的差距是巨大的

以前不管哪个家庭都是人员众多，同时居住在附近的人也会对育儿有所帮助。那时候，总能从老婆婆或是热心的大妈口中听到类似“这样做才对”“这都不知道

吗”这样的话，而母亲就是借助着这些人的帮助来养育孩子的。

可现在是什么情况呢？家庭构成逐渐向小家庭转变，夫妻结婚后会搬出自己家建立新的家庭。这样一来会导致邻里间相互不认识，父母家离得又远，丈夫回家晚……因此，妻子在育儿中所需要负担的与过去相比增加了许多。并且现在的女性在生产前几乎没有接触过育儿。虽然初中和高中的相关课程会讲授怀孕和生产的知识，但并没有关于育儿的课程。即便如此，孩子出生后自己突然就会成为母亲，而且紧接着开始的就是以育儿为中心的每一天。在这种情况下，新手妈妈对于“让孩子停止哭泣的方法”“批评的方法”“表扬的方法”“如厕训练”“拿筷子的方法”，等等，育儿中有可能遇到的这样那样的事情必然是无法应对的。因此，学习育儿是必要的。

对于任何事情都要先从了解开始，尤其是育儿的方法论，知道得越多育儿就会越从容，从容了自然就可以对各种情况进行妥善的处理。如果因为本书的内容而让母亲的育儿过程变得愉快，那将是我的荣幸。

只要你“在”孩子便会满足

从孩子的角度看，他喜欢你，依赖你，无法想象身边没有你……总之只要你在，对他来讲就是“最棒”的。即便你有些笨手笨脚，不大会教育孩子，不擅长做饭、做家务，但对孩子来说只有你才是“最重要的妈妈”。

所以作为母亲，你不可以感到痛苦，要时刻保持微笑。虽然这可能有些难，但请放轻松，试着想一下“对啊，只有我是孩子的妈妈啊”，再看看这本书学习一下，从明天开始试着让育儿变得愉快起来吧。如果能像这样放下包袱专心致力于育儿，那么孩子长大后一定会对你说：“妈妈，感谢你养育了我！”

感谢《WIRE妈妈（德岛版）》

最后要说的是，如果没有《WIRE妈妈（德岛版）》的创刊，便不会有本书的面世。正因为有自杂志创刊以来连载了10年以上的“秘籍专栏”，我才能写成本书。WIRE ORINGE股份有限公司的董事长原田刚先生，真心地感谢您创办了《WIRE妈妈》，您才是本书的亲生父母。另外，编辑佐藤敏彦先生，感谢您每次在我迟迟不能交稿时的耐心等待。还有，感谢为我画园长头像和小插图的佐藤明日香。园长很像我，而小插图也能让文章的内容更加简单易懂。最后，感谢“新见照相馆”的新见茂仁先生，您拍的封面（日本版）非常漂亮。本书是大家共同努力的成果。真的十分感谢大家。